गुरु रविदास
स्तुति-मर्यादा

गुरु रविदास स्तुति-मर्यादा

(गुरु रविदास चालीसा, आरती, लोकगीत एवं राष्ट्रीय गीत)
चँवर सेन, कवष ऐलूष, चामुंड राव, कर्मवीर चेता,
तथागत बुद्ध, आचार्य रामानंद, साहब कबीर,
गुरुनानक, घासी दास, शोभनाथ दास हंस,
श्री श्री 1008 श्री रविदासजी महाराज

संतकवि

घनश्याम दास हंस

एस.के. इंटरप्राइजेज

प्रकाशक : एस.के. इंटरप्राइजेज, सी–54, गणेश नगर कॉम्पलैक्स, दिल्ली–110092
सर्वाधिकार : सुरक्षित / संस्करण : प्रथम, 2018 / मूल्य : एक सौ पचास रुपए
मुद्रक : आर–टेक ऑफसेट प्रिंटर्स, दिल्ली ISBN 978-93-80839-92-9

GURU RAVIDAS : STUTI-MARYADA

by Ghanshyam Das Hans ₹ 150.00

Published by Esskay Enterprises, C-54, Ganesh Nagar Complex, Delhi-92

परमपूज्य प्रातः स्मरणीय पिताश्री
संतप्रवर स्वामी शोभनाथ दास हंसजी
07-08-1999 से 31-12-2002

परमपूजयनीया तेजस्वनी महियसी
माताश्री कस्तुरबा देवीजी
03-04-1925 से 09-10-2011

वरदानी गुरु प्रेरणा, रवि प्रभा रविदास।
स्तुति मर्यादा अमिय फल, हंस हिय उद्भाष॥
रवि उर स्थिर ऊँकार, चालीसा परकास।
माता-पिता के चरणन, समर्पित करूँ झकास॥

संत घनश्याम दास हंस
(स्नातक प्रतिष्ठा एल.एल.बी.)
श्रीहंस आश्रम-महरो (मोहनियाँ) कैमूर

शुभ सम्मति

महामहिम रामनाथ कोविंद
पूर्व राज्यपाल, बिहार सरकार

राजभवन, पटना-800022
दूरभाष : 0612-2217626
फैक्स : 0612-2786184

संदेश

यह जानकर अत्यंत प्रसन्नता हुई कि संत रविदास आश्रम, बेली रोड, पटना से जुड़े श्री घनश्याम दास हंस द्वारा रचित 'माँ शबरी दर्शन' एवं 'गुरु रविदास स्तुति-मर्यादा' नामक पुस्तकों का प्रकाशन होने जा रहा है।

आशा है, इन पुस्तकों के प्रकाशन से माँ शबरी चरित की महनीयता, उदारता और प्रेम-भावना तथा गुरु रविदास के भक्ति एवं सद्भावनामूलक संदेशों की जन-जीवन में व्याप्ति और लोकप्रियता में अभिवृद्धि होगी।

मैं इन पुस्तकों के सफल प्रकाशन की मंगलकामना करता हूँ।

(रामनाथ कोविंद)

शुभ सम्मति

शिवचंद्र राम, पूर्व मंत्री
कला, संस्कृति एवं युवा
विभाग, बिहार सरकार

बिहार सरकार

विकास भवन, नया सचिवालय
बेली रोड, पटना-800015
दूरभाष : 0612-2215688 (का.)
मो. : 9431018339

पत्रांक : ....   दिनांक : ....

संदेश

प्रस्तुत पुस्तक 'गुरु रविदास स्तुति-मर्यादा', सामाजिक एवं साहित्यिक दृष्टि से उत्तम कृति है। इस दिशा में इनका यह पहला प्रयास है, जो अत्यंत सराहनीय है। इसके माध्यम से श्री श्री 108, श्री घनश्याम दास हंसजी महाराज ने उस पक्ष को उभारा है, जहाँ तक आमतौर से आम लोगों की दृष्टि नहीं जा पाती है। कर्म, भक्ति और ज्ञान के अधिष्ठाता सद्गुरु रविदासजी महाराज के ज्ञानाश्रयी प्रकाश से ओत-प्रोत संदेश, उपदेश और स्तुतियों की आज भी महती महिमा है। समवेत स्वर में की गई उनकी पावन स्तुतियों से अमंद आनंद की अनुभूति होती है।

अत: इस श्लाघनीय कार्य के लिए बाबा हंसजी महाराज को साधुवाद और धन्यवाद देता हूँ, जिन्होंने अपना संपूर्ण जीवन साहित्य के अध्ययन और लेखन में लगाया है।

अनंत शुभकामनाओं के साथ!

16/04/2016

(शिवचंद्र राम)

शुभ सम्मति

डॉ. अशोक कुमार
एम.बी.बी.एस.
सदस्य, बिहार विधानसभा

बिहार सरकार

मो. : +91-9431021170
+91-9910277092
फैक्स : +91612-2541203
इ-मेल : drashokkumar.inc@gmail.com

पत्रांक : .... दिनांक : ....

शुभ सम्मति

प्रस्तुत पुस्तक 'गुरु रविदास स्तुति-मर्यादा' के आद्योपांत अवलोकन से लगता है कि गुरु रविदास प्रेमाभक्ति, ज्ञान-यज्ञ की परंपरा आज भी भारत में जिंदा हैं। महंत श्री श्री 108 श्री घनश्याम दास हंसजी ने इस पुस्तक में एक प्रेरणादायक अवयवों से भरपूर आदर्श एवं आध्यात्मिक संदेश देने का प्रयास किया है।

अत: इस सराहनीय महत्त कार्य के लिए बाबा हंसजी के उज्ज्वल भविष्य की शुभ कामनाओं के साथ धन्यवाद देता हूँ।

भवदीय

(डॉ. अशोक कुमार)
सभापति
प्रत्यायुक्त विधान समिति

दो शब्द

वरणेश्वर वरदायक संत शिरोमणि स्वामी सद्‌गुरु रविदासजी महाराज का संत दरबार मात्र एक दरबार भर नहीं था। वह तो एक ऐसी सुंदर बगिया थी, जहाँ नित नए भक्तों की निराली कलियाँ फूल बनती थीं। ब्रह्म की अनुभूति करानेवाला मानवप्रेम की अविरल धारा, प्रेरणा का स्रोत, सुरक्षा का विश्वास, संसार के समस्त सद्‌गुणों का शिखर है—गुरु दरबार। संसार के एक-एक व्यक्ति को ब्रह्म के स्वरूप से संवर्द्धक मानवीय समरसता की, बंधुत्व भावना की, राष्ट्रीय एकता की प्रेम उनके जीवन के उत्सव में प्रवाहित हो सके। साधुता, समानता और प्रेम की पराग से समस्त मानवता सुगंधित हो।

ज्ञान तो जीवन की अनुभूतियों का संग्रहण है। ऐसा कोई कृत्य न करो, जिससे यह पृथ्वी असुंदर हो। अपने कर्तव्य को उदारता से, सुंदरता से पालन करना ही मानवता है। वर्णवादी सोच रखनेवाले बुद्धिजीवी के सवर्णों ने ऋक्‌वैदिक परंपरा को ठुकराकर हमारे वजूद/अस्तिव का होने को ही नकारने की नकाम कोशिशें की हैं। हमें एक सभ्य मानव होने के स्थान पर छल से अस्पृश्यता की चादर ओढ़ाकर दलित से महादलित बना शोषण करता रहा।

आजादी के सात दशक बाद भी हमारा देश ऊँच-नीच, जाति भेद-भाव आदि से उबर नहीं पाया। सोच बदलना होगा...क्या कमी है...हममें। हम भी मानव हैं। स्नातक प्रतिष्ठा संपन्न बिहार राज्य धार्मिक न्यास पर्षद् प्रतिनिधि हैं। आजीवन शुद्ध शाकाहारी संत, कवि तथा लेखक हैं... । पंजीकृत व सम्मानित मुख्य अर्चक हैं, पर हमें औरों की तरह समाज में मान-प्रतिष्ठा नहीं मिलता।

हमारी खोई हुई अस्मिता और उसकी संस्कृति, अर्चक, महंथ, वेदपाठी, कर्मकांडी, पुरोहिताई आदि का वर्ण-गोत्र-जाति से ऊपर उठ सनातन सार्वजनिक

धार्मिक मठों/मंदिरों में भागीदारी देकर समान स्तर पर प्रशिक्षण द्वारा पुनः स्थापित की जाए। जिससे महा दलित समाज में आत्मगौरव, आत्मसम्मान, आत्मविश्वास एवं स्वालंबन की भावना विकसित हो''हमें मानव होने का अधिकार प्राप्त हो। हमें भी ब्रह्म से साक्षात्कार करने का शुभ अवसर मिले। इसी संदर्भ में पूजन-अर्चन, सिमरण-ध्यान, भजन-कीर्तन तथा सत्संग द्वारा ब्रह्म से एकीकरण होने का स्रोत है। आध्यात्मिक गुरुओं के प्रेरणादायक, प्रसंगों, संदेशों तथा उपदेशों को जनमानस में प्रसारित कर राष्ट्रीय एकता को मजबूत बनाना एक दृढ संकल्प है—गुरु रविदास स्तुति-मर्यादा।

सद्गुरु से ब्रह्मज्ञान मिलने के बाद साधना द्वारा ही अध्यात्म का सफर तय किया जाता है, यह मेरा निजी अनुभव भी है। अपने गुरु से ब्रह्मज्ञान पाने के बाद मेरा ध्यान बाहर से भीतर पलट गया। मैंने उस प्रभु को अपने भीतर देख लिया, जिसके दर्शन से मेरा मन स्थिर हो गया और मैं निर्विघ्न भक्ति मार्ग पर बढ़ने लगा। जिस तरह चकमक पत्थर को रगढ़ने पर आग सहज ही प्रकट हो जाती है। उसी तरह प्रभु के सच्चे नाम के स्मरण से प्रभु के प्रकाश का, स्वरूप का दर्शन होता है। उस परम प्रकाश के दर्शन के बाद मनुष्य को प्रयत्न नहीं करना पड़ता, उसका सहज ही ध्यान लग जाता है।

—संत घनश्याम दास हंस

श्री हंस आश्रम-महरो (मोहनियाँ), कैमूर,

बिहार-821105

मो. : 9771597390

पुरोवाक्

जन जागरण संदेश

प्रिय भाइयो एवं बहनो!

संत शिरोमणि गुरु रविदासजी के पावन 649वीं जयंती समारोह पर उनके चरणों में श्रद्धासुमन अर्पित करते हुए संक्षिप्त जीवनी आपके लिए समर्पित है। संत शिरोमणि गुरु रविदासजी को देश के विभिन्न प्रदेशों में विभिन्न नामों से जाना जाता है। जैसे—

शुभनाम—रविदास (बिहार, उत्तर प्रदेश, मध्य प्रदेश), रैदास (दिल्ली, पंजाब, हरियाणा एवं पश्चिम राज्यों में), रायदास, रैदास (राजस्थान) रुईदास—(बंगाल, असम एवं पूर्वी राज्यों में), रोहिदास (महाराष्ट्र, गुजरात एवं दक्षिणी राज्यों में)।

पिता का नाम—रघु राम, माता का नाम—कर्मा देवी, पत्नी का नाम—लोणा देवी, पुत्र का नाम—विजय दास, दादा का नाम—हरिदास, दादी का नाम—चतरकौर देवी, परदादा का नाम—कालूराम, जन्मतिथि—सन् 1376 ई। (संवत् 1433) माघी पूर्णिमा, निवास स्थान—ग्राम—मांडुरगढ़ (महुआडीह) तहसील वाराणसी, राज्य उत्तर प्रदेश, उपासक—सेरकार का, अनुभव—आत्मज्ञान का, मृत्यु 1523 ई.। (संवत् 1580) लगभग, मृत्युस्थल—चित्तौरगढ़ (राजस्थान)

संत शिरोमणि गुरु रविदासजी का कहना है कि अंतर्मुखी होकर अपने भीतर ही विराजमान परम ज्ञानज्योति का संदर्शन करें, अंदर ही हमारे सुख और शांति का भंडार है, जीवन का बहुमूल्य स्रोत है, यानी सबकुछ भीतर ही है, बाहर तो व्यवहार जगत् है। बाहर सुख के लिए न भटककर अपने गुरु को, निराकार को, परमेश्वर को अपने भीतर ही देखने का प्रयत्न करें। अपने भीतर के विशाल संसार को प्रकाशित किए बिना मंदिर, मसजिद, गिरिजाघर या गुरुद्वारे में आप कुछ

नहीं पा सकेंगे। जिसने अपने अंत:करण का संकुचित मूल्यांकन एवं सम्मान कर उसके अनुरूप आचरण करना प्रारंभ कर दिया, उसके जीवन में सुख का उदय हो गया और सारा जीवन ही सुखमय बन गया। सत्य का आराधक, सच्चा भक्त दुनियारूपी समाज के लिए जीवित रहता है और उसी में मर मिटता है। हाँ, दुनिया उसे अपमानित भी करती है, यद्यपि वह वीर अपकार करनेवालों को क्षमा करता है और बदले में उपकार करता है। महापुरुष की ऊँचाई का मापदंड सहनशीलता और क्षमा होता है। उनका किसी से राग-द्वेष नहीं होता, उनकी नजर में सभी जीवन जगत् समान हैं।

आज बदले परिवेश में हर स्तर पर अपने विकास की ओर उन्मुख है, लेकिन हम रविदास भाइयों की हालत अभी भी दयनीय है, कारण हम जागरूक नहीं हैं। आज आजादी के सत्तर साल बाद भी हम दलितों के साथ, खासकर रविदास भाइयों के साथ समाज के सामंती कहे जानेवाले लोगों का व्यवहार पशुओं से भी बदतर रहा है, हमें उस समय कितनी पीड़ा पहुँचती है, जब हम किसी देव मंदिर में पूजा या दर्शन की अभिलाषा से प्रवेश करते हैं तो तथाकथित पंडितों की भृकुटियाँ विकृत हो जाती हैं और इसके लिए कई बार शारीरिक प्रताड़ना भी सहनी पड़ती है, जबकि उसी देव मंदिर में कोई कुत्ता और सूअर सूँघकर पेशाब भी कर दे तो उसे सिर्फ धत्-धत् करके भगा देना ही पर्याप्त समझा जाता है। सरकार की ओर से इस भेद-भाव को मिटाने के लिए कई कानून बनाए गए हैं, लेकिन अपनी अज्ञानता एवं अशिक्षा तथा असंगठित रहने के कारण न तो हम अपने हक के लिए लड़ पाते हैं और न ही पूर्ण रूप से हम उसका उपयोग ही कर पाते हैं, साथ ही हम उचित मंच का निर्माण भी नहीं कर पाते हैं, ताकि सामूहिक रूप से हम उन अमानवीय कार्यों का विरोध कर सकें। शिक्षा तो सर्वोपरि हैं ही, उसके साथ हमें एकता की भी आवश्यकता है। एकता के माध्यम से हम बड़े-से-बड़े शत्रु का मुकाबला कर सकते हैं। एकता के द्वारा हममें राजनैतिक चेतना प्राप्त होती है, राजनैतिक चेतना के द्वारा हम अपने लोगों को प्रतिनिधि बनाकर ग्रामसभा, विधानसभा या लोकसभा में भेजकर उनके द्वारा सरकार का ध्यान अपनी ओर आकर्षित कराकर उचित स्थान प्राप्त कर सकते हैं। आज संगठित नहीं होने के कारण हमारे समाज के राजनेता, पदाधिकारी और कर्मचारी को उचित मान-सम्मान और स्थान नहीं दिया जाता है।

आज दलितों में रविदास भाइयों की स्थिति अधिक शोचनीय है, क्योंकि

हम और लोगों की तरह जागरूक नहीं हैं। ऐसा नहीं है कि हमारी संख्या उनसे कम है। दलितों में हमारी संख्या सबसे अधिक है, लेकिन हम संगठित नहीं हैं। हम और लोगों से विद्या या मेधा में भी कम नहीं हैं। सरकारी सेवा में सम्मानित पदों पर जैसे आई.ए.एस. या आई.पी.एस. या आई.एफ.एस. पर भी हममें से कई लोग हैं और उत्कृष्ट सेवा दे रहे हैं, लेकिन इनकी संख्या कम है, यह तब है, जब हमारे पास साधन की कमी है। अगर हम लोग जागरूक होते तो इनकी संख्या अधिक होती। आपको और हम सबको मालूम है कि इस ब्राह्मणवादी व्यवस्था ने हजारों वर्षों से हमें अंधविश्वास में रखकर सामाजिक, आर्थिक, धार्मिक और राजनीतिक शोषण कर हमारे मनोबल को आघात पहुँचाया है। पहले तो हमें पढ़ने-लिखने से वंचित किया, अंधविश्वासी बनाकर हमारे संस्कार से खिलवाड़ किया गया। कौन नहीं जानता है कि अंधविश्वास के कारण हमारे समाज के लोग अपने बच्चों का नामकरण करने के लिए जब आग्रह करते थे तो वे लोग निकृष्ट से निकृष्ट जातिसूचक नाम जैसे—मंगरुआ, ढ़ोढइवा, गनउरवा, गनौरी, लोटना, कठौतिया, मोहखिया, दहौरा, धुरखेलिया, इसी तरह का नाम दिया जाता था, ताकि नाम सुनते ही लोग समझ जाएँ कि ये दलित वर्ग से संबंधित है और उससे जातीय आधार पर भेद-भाव का बरताव कर उनके मनोबल पर आघात करते थे। इतना ही नहीं, हमारी जनसंख्या को कम आँकने के लिए और हमारी एकता को छिन्न-भिन्न करने के लिए हमारी जाति का भिन्न-भिन्न प्रदेशों में भिन्न-भिन्न उपजातियों का नामकरण कर दिया गया, जैसे चमार, मोची, रविदास, जाटव, ग्वालिया, कुरील, अहिरवार, शंखवार, घुसिया, गोयल, रामदासी, जटिया, रहगर, रमदसिया, रैइगरवंगा, असादारू,, चमाड़िया, सतनामी, मूची, दोहरे, दवगर, महारा वगैरह-वगैरह नामों से विभक्त कर दिया गया।

लेकिन हम सब लोगों को यह जान लेना चाहिए कि हम सभी संत शिरोमणि गुरु रविदासजी की संतान हैं और हम सब एक हैं और एक रहेंगे। संत रविदास, उन्होंने अपनी श्रद्धा-भक्ति के द्वारा रूढ़िवादी प्रवृत्तियों पर विजय पाई थी। हमारे समाज में एक से बढ़कर एक संत, महर्षि उत्पन्न हुए, जैसे बिहार राज्य के गोपालगंज जिले में श्री श्री 108 देव ९०सु भगत (चमार) हैं, जिन्होंने अपनी सात्त्विक शक्ति के द्वारा एक साथ सात-सात बाघों को बाँधकर बघदौनी साँप को कोड़ा बनाकर उससे कार्य लिया। इनके वंशज आज भी गोपालगंज थावे में महंत

प्रदीप दासजी (चमार) हैं। वहाँ पर रहसु भगत के नाम पर मंदिर बनाया गया है।

श्री जल्लामहावीर मंदिर, बाहरी बेगपुर, पटना सिटी, पटना में बिहार राज्य धार्मिक न्यास पर्षद् प्रतिनिधि/मुख्य अर्चक श्री श्री 108, श्री घनश्याम दास हंस ही महाराज हैं। ब्राह्मण बहुल सार्वजनिक धार्मिक स्थलों, मठों, मंदिरों में समान अवसर, समान भागीदारी, समान सहभागिता तथा अस्पृश्यता निवारण हेतु महादलित परिवार से एक अर्चक बहाल करने की योजना बना कार्यान्वित किया गया। यथा महादलित (चमार) समुदाय का सदस्य हैं—संत घनश्याम दास हंस जी। ज्ञपांक-2187, सत्र-2009-2010, दिनांक 16 फरवरी, 2010 को आचार्य किशोर कुणाल (प्रशासक-सह-विशेष कार्यपदाधिकारी) बिहार राज्य धार्मिक न्यास पर्षद्, विद्यापति मार्ग, पटना द्वारा आपकी नियुक्ति श्री जल्लामहावीर मंदिर, बाहरी बेगमपुर, पटना सिटी में किया गया है। राष्ट्रीय स्वयंसेवक संघ के सर संघचालक श्री मोहन भागवत जी ने बाबा हंस जी को नारियल भेंट कर मुख्य अर्चक का सम्मान प्रदान किया।

मध्यकालीन संतों की सामाजिक अवधारणा अग्रसर हो बाबा हंस जी ने लेखन (गद्य-पद्य), खंड काव्यों के माध्यम से समाज सुधार करने का प्रयास कर रहे हैं। योग्य पात्र होने का अनुभव कर अखिल भारतीय दलित साहित्य अकादमी, नई दिल्ली ने 17वें राष्ट्रीय दलित साहित्य सम्मेलन 5-6 दिसंबर, 2001 को डॉ. अंबेडकर स्मृति फोलोशिप स्वर्णपदक द्वारा राष्ट्रपति महामहिम के.आर. नारायणनजी के कर कमलों द्वारा आपको सम्मानित किया गया। भक्ति साहित्य की अनंत गहराइयों में डुबकी लगा-लगाकर प्रमाणिक वेशकीमती रत्नों को खोजा और धार्मिक आस्था के केंद्रों के माध्यम से इन्होंने सामाजिक समरसता के लिए संघर्ष आरंभ किया और वे सफल रहे।

रविदास समाज का इतिहास गौरवपूर्ण गाथाओं से भरा-पूरा है। इस समाज के रणबाँकुरों ने आजादी की लड़ाई में अहम भूमिका निभाई थी। पंजाब के अमृतसर जिले के रहनेवाले सरदार ऊधम सिंह ने इंग्लैंड में जाकर जनरल डायर पर बम फैंक भारत को वीरों के देश की संज्ञा दिलाने का कार्य किया था। इस समाज ने अब्राहम लिंकन, हिटलर, नेपोलियन बोनापार्ट एवं चंद्रगुप्त मौर्य जैसे सपूत भी दिए हैं।

देश एवं बिहार राज्य में संख्याबल में रविदास भाइयों की संख्या सबसे अधिक

है, परंतु आपस में भाईचारा, प्रेम सौहार्दपूर्ण विश्वास का अभाव रहने के कारण आज साधारण पंचायती राज व्यवस्था में आपके प्रतिनिधियों की संख्या नगण्य है। विधायकों एवं सांसदों की संख्या घटती जा रही है। शैक्षणिक गैर बराबरी के कारण सरकारी अधिकारियों, कर्मचारियों की संख्या घट रही है। देश एवं राज्य में पुराने समय से जच्चा-बच्चा की देख-रेख करनेवाली ग्रामीण व्यवस्था में रविदास कुल की ही दाइयाँ होती थीं, जिन्हें प्रथम माता का दर्जा प्राप्त है। आज के वैज्ञानिक युग में आशा, ममता, आँगनबाड़ी सेविका एवं सहायिका की नियुक्ति में रविदास कुल की माताओं की नियुक्ति नहीं की जा रही है, जो हर हालत में निपुण एवं सक्षम हैं। वर्तमान बिहार सरकार भारत के इतिहास में दलितों के विकास में बाधा उत्पन्न कर रही है, दलितों को बाँटकर समाज को खंडित करने की साजिश रच रही है। आजादी के बाद बिहार की सरकार पहली सरकार है, जिसने रविदास समुदाय प्रतिनिधियों को मंत्रिमंडल से दूर रखा है। इसीलिए कविवर दिनकरजी ने कहा है—

फेंक दो उस पत्थर को, जिस पत्थर में छेद रहे।
जला दो उस लंका को, जहाँ भाई-भाई में भेद रहे॥

अत: सभी भेद-भाव को भुलाकर हम एकसूत्र में बँध जाएँ। तालमेल की कमी के कारण हम एक मंच पर नहीं आ पाते हैं, इसीलिए हमारी आवाज देश के कर्णधारों के कान तक पहुँचने में नाकाम रह जाती है और आज आजादी के सत्तर साल के बाद भी कुछ कदम ही आगे बढ़ पाए हैं।

यद्यपि इस समाज के उत्थान के लिए अपने समाज के बुद्धिजीवियों ने समय-समय पर प्रयास किया है, लेकिन उचित सहयोग नहीं मिल पाने के कारण कुछ विशेष प्रगति नहीं हो पाई है। हमें सोचना चाहिए कि आखिर हममें क्या कमी है कि हमें औरों की तरह समाज में मान-प्रतिष्ठा नहीं मिलती है। हम भी अन्न-पानी खाते-पीते हैं, हम भी आदमी हैं, प्रकृति ने हमें भी वहीं आसमान, वही जमीन, वहीं हवा-पानी दी है, लेकिन हम क्यों दूसरों के पीछे घृणित जीवन जीने के लिए अभिशप्त हैं।

इसलिए प्यारे भाइयो एवं बहनो, जरा सोचिए और नींद त्यागकर खुली आँखों से संसार को देखिए कि हम कहाँ हैं। अगर हम नहीं जागेंगे तो हमारी आनेवाली पीढ़ी भी उसी तरह पशुवत् जीवन जीने को बाध्य होगी। आनेवाली पीढ़ी के लिए

आप स्वयं कुछ करें। कहा गया है कि जो स्वयं की मदद करता है, भगवान् भी उसकी मदद करते हैं।

अंत में, दो शब्द अपने समाज के बुद्धिजीवियों से कहने हैं कि आप जहाँ कहीं भी हों, जिस पद पर या जिस व्यवस्था से जुड़े हों, अपने पिछड़े, गरीब, असहाय भाइयों के उत्थान के लिए सतत जागरूक रहें। समाज को आपसे बड़ी उम्मीद है। सब मिलाकर कुछ ऐसी व्यवस्था की जाए, जो समाज के गरीब मेधावी छात्र हैं और आगे पढ़कर अपने समाज का नाम रौशन करना चाहते हैं, उनकी मदद हो सके। ऐसा देखा गया है कि साधनहीनता के कारण होनहार छात्र अब भी पूरी पढ़ाई किए बिना गरीबी के कारण जीविकोपार्जन में लग जाते हैं और उनका भविष्य अंधकारमय हो जाता है। इसलिए कवि ने ठीक ही कहा है—

सोच बदलो सितारे बदल जाएँगे, नजर बदलो नजारे बदल जाएँगे।
किश्ती बदलने की जरूरत नहीं, दिशा बदलो, किनारे अपने आप बदल जाएँगे।

आइए, इसके बाद हम सभी रविदास भाई संत शिरोमणि गुरु रविदासजी की जन्मदिन माघी पूर्णिमा की रात्रि में दीपावली के रूप में मनाएँ और पवित्र वाणी पर चलकर सामाजिक न्याय और समानता के संकल्प का अनुसरण करें और मानव जीवन के ज्ञान का दीपक जलाकर सदियों से चली आ रही सांप्रदायिकता और नफरत की कालिख को धो सकें।

जहाँ अध्ययन है, वहाँ ज्ञान है। जहाँ ज्ञान है, वहाँ प्रकाश है। जहाँ धन है, वहाँ मान है। जहाँ चाह है, वहाँ राह है।

हार्दिक शुभकामनाओं के साथ, आपका ही अपना

—शिवचंद्र राम

मंत्री, कला संस्कृति एवं युवा विभाग,
बिहार सरकार
राष्ट्रीय अध्यक्ष, रविदास चेतना मंच

अनुक्रम

उद्बोधन

कालखंड की अभिव्यंजना से क्रूर नियति के पोषक तत्त्वों ने गुरुकुल कक्षा श्रेणी के उत्तीर्ण छात्रों में वरीयता प्राप्त स्नातकधारियों ने ऐयासिता को बढ़ावा देकर कर्म आधार, योग्यता आधार की उपेक्षाकर वर्ण व्यवस्था की नींव रखी। बाद में, उसे ईश्वर का आदेश बताकर जन्मना जाति को बढ़ावा दिया। नारियों की छीना-झपटी में हजारों वर्ष खूनी संघर्ष के पश्चात् विजेताओं ने चौथे वर्ण शूद्र का आरोपण कर समाज को बरगला, मानव खरीद-बिक्री का बाजार खड़ा कर दिया। एक-दूसरे के उपहास से अनैतिक हिंसा से, सामूहिक बलात्कार से, वर्ण-गोत्र-जाति-भेद से मानव समाज का जीना दूभर हो गया। मानवता के पोषक, समरसता के संरक्षक तथागत गौतम बुद्ध का पदार्पण (प्रादुर्भाव) हुआ और उन्होंने अपने तत्काल प्रभाव से प्रत्येक इनसान को इनसानियत का पाठ पढ़ाया और बौद्धमय इनसान बना दिया। सत्ता की लोलुपता से कई सदियों बाद क्रूर नियति परवान चढ़ी और चतुरवर्ण व्यवस्था के तहत जन्मना जाति सिद्ध कर मानव खरीद-बिक्री का बाजार पुनः खड़ा कर दिया, जिसका इतिहास गवाह है।

आक्रामक नीति से सत्ता का उपार्जन कर अखिल भारतीय मानव समाज को लगभग 6000 जातियों-उपजातियों में बाँटा, यही नहीं, अखंड भारत को भी लगभग 600 देशों में बाँटकर मानवता को शर्मसार कर दिया। मनुष्यों के हाथों में हथकड़ियाँ पहनाकर मनुष्यों ने गुलाम मनुष्यों का सत्ताधारी मनुष्यों के लिए खरीद-बिक्री का हाट-बाजार तथा केंद्र बनाया, जिसका फायदा देशी-विदेशी आक्रमणकारियों ने उठाया। फलतः राजनैतिक, सामाजिक, धार्मिक तथा आर्थिक कारणों से भारत को हजार बार गुलामी का मुँह देखना पड़ा। मुसलिमकरण की नीति व तलवारों की टंकार-झंकार से समस्त भारत किंकर्तव्यविमूढ़ हो सहम चुका था।

गुरु रविदास प्रेमा-भक्ति आंदोलन की शुरुआत भी आजादी की तमाम उम्मीदों-अपेक्षाओं के साथ चौदहवीं पंद्रहवीं सदी में हुई थी। सबकी नजरें भक्ति आंदोलन नेता गद्दीनशीन संत शिरोमणि सद्गुरु स्वामी रविदासजी महाराज पर टिकी थीं। देशी-विदेशी आक्रांताओं, दबंगों, लुटेरों तथा क्रूरमिजाजी शासकों की मुट्ठी (चंगुल) में सिमटता सनातन धर्म का अस्तित्व बचानेवाले धार्मिक रूप से अपराजेय नजर आ रहे थे और यह आभास भी करा रहे थे कि अच्छे दिन आनेवाले हैं। हम सभी एक जगद्नियंता परब्रह्म की संतान हैं। आओ, हम सब एक साथ मिलकर समवेत स्वर में सामूहिक कीर्तन-भजन व स्तुति घट-घट में रमनेवाले राम की करें। सोऽहं, सतनाम के आध्यात्मिक नारे से ज्ञानाश्रम द्वारा अखंड भारत का सींचन कर मानवता का ईजाद किया, सम्मान किया।

भक्ति आंदोलन के नेता स्वामी गुरु रविदासजी के समकालीन सहयोगी व जूझारू संतों में उभरे कबीर साहब गद्दीनशीन नहीं थे और न गुरु नानकदेवजी ही। गुरु रविदासजी ने कल्पना के तौर पर भारत को सात क्षेत्र में बाँटकर निष्काम सेवा हेतु धर्म एवं संस्कृति की रक्षा कर मानवता को बचाया था। राजा पीपा को गगरौढ़गढ़ (राजस्थान), कमाल, कमाली को गुजरात, नामदेव को महाराष्ट्र, कबीर साहब को मगहर, यू.पी., बिहार तथा ननकाना-पंजाब में गुरुनानक देव को चौती (गुरुमुखी) देकर निष्काम सेवा की जिम्मेदारिया सौंपी थीं।

कालखंड की विडंबना से ऋषियों-मुनियों, संत-महापुरुषों की कमाई का ध्यान हटाकर सदियों बाद साधो संप्रदाय से अलग-थलग हो सिख संप्रदाय का उदय हुआ। अपनी डफली, अपना राग अलापते हुए धर्म दास साहब ने 56 करोड़ रुपए खर्च कर कबीर पंथ को एक नया रूप दे डाला। वर्ण-गोत्र-जाति में विश्वास रखनेवाले धर्म के नाम पर अनेक पंथ के विकसित होते ही साधो संप्रदाय सदा-सदा के लिए विलुप्त हो गया। सभी पंथों ने अपनी डफली, अपना राग अलापते हुए एक-दूसरे से बहुत दूरियाँ बना लीं। मानवता को कौन कहे, वर्ण-गोत्र-जाति संप्रदाय के नाम पर बहुत बड़ी-बड़ी खाइयाँ पैदा कर दीं। जिसका मिसाल आज भी देखने को मिलती हैं।

कभी-कभी धर्म के नाम पर तो कभी सामाजिक कायदे-कानूनों की दलीलें देकर दलित-महादलित की उपेक्षा की घटनाएँ आजादी के 7वें दशक बाद भी समय-समय पर हमारे सामने आती रहती हैं। ऊँच-नीच, वर्ण-गोत्र-जाति भेद,

ईर्ष्या-द्वेष, छुआ-छूत आदि सनातन धर्म में तृतीय चरण के उत्थान के द्योतक है, जो अति निंदनीय है। किसी महादलित के सार्वजनिक धार्मिक संस्थाओं, मठों, मंदिरों का न्यासधारी, न्यास प्रतिनिधि, महंत, मुख्य अर्चक का होना, उनका गर्भगृह में होना देखकर सवर्णों द्वारा उनपर उँगुली उठने लगती है, जैसे वे सभी सामाजिक अपराधी और उनकी पोषित हो रही जड़ों का कारण महादलितों को ही मान बैठे हों। सामाजिक रिवाजों, धर्म और परंपराओं के नाम पर हमेशा दलित के इनसान होने की, मनुष्य होने की उपेक्षा की जाती है, उनका और उपहास किया गया है। हमें यह याद रखना होगी कि धर्म हमेशा जीवन की बेहतरी के लिए होता है। यह हमारे जीवन को एक अनुशासन प्रदान करता है। जिस तरह से कुरीतियों को प्रचारित किया जाता है, उससे धर्म और ढोंग में बँटवारे की एक बहुत महीन लकीर बन जाती है।

उदासी-संप्रदाय के एक महंत ने मुझसे स्पष्ट कहा कि हमारे यहाँ जाति-पाँति भेद-भाव नहीं है। हमारे पास सभी जाति के शिष्य हैं। सभी के साथ धार्मिक स्तर पर एक समान बरताव किया जाता है। उदार हृदय से महंतजी ने अपने दिल के उद्गार व्यक्त करते हुए कहा कि मेरे पास चार मठों के मठाधीश अति बुजुर्ग हो चले हैं। यदि कोई शिक्षित, वैरागी-उदासी संन्यासी मिल जाए तो उन्हें तीन से पाँच सालों तक प्रशिक्षण में सेवा कर गुरु का आशीर्वाद लेना होगा। इसके बाद वह वही वहाँ का मठाधीश होगा। सभी शर्तों को स्वीकार करते हुए शिक्षित योग्य ईमानदार व कर्मठ चार संतों का नाम प्रस्तावित किया। महंतजी ने उन चारों के व्यवहारों तथा हुलिया दस्तावेजों से अवगत हो गद्गद स्वर में वंश, गोत व जाति पूछी? सवाल का जवाब देते हुए मैंने स्पष्ट शब्दों में सबको जाति का चमार बताया। चमार शब्द सुनते ही महाराजजी के माथे पर बल पड़ गया। केस को खारिज करते हुए महंतजी ने कहा कि प्रचालित परंपरा के अनुसार किन्हीं भी सार्वजनिक आश्रमों/मठों तथा मंदिरों में उत्तम चरित के योग्य व शिक्षित संत होते हुए भी चमार, दुसाध, पासी, धोबी आदि अछूत जातियों को किसी भी शर्त पर हमारे अखाड़े का पुजारी क्षणमात्र भी स्वीकार नहीं है और न उसे महंत ही बनाया जा सकता है। यह उस साधुशाही किला के मुख्य द्वार पर लगा जाति का वज्र किवाड़ था, जिसे भेद पाना नामुमकिन है।

क्या वैष्णव सार्वजनिक मठ मंदिर या आश्रम में भी चमार जाति का मुख्य पुजारी/महंत होना दुश्वार है, यदि नहीं तो ब्राह्मण समाज के कुछ जाति पुजारियों के संपर्क में आते ही वंश-गोत, जाति पूछ, नाक-भौंह सिकोड़ दूरिया बना मुँह

फेर लेते हैं, ऐसा क्यों? स्वनामधन्य आचार्य किशोर कुणाल (विशेष कार्यपालक पदाधिकारी) बिहार राज्य धार्मिक न्यास परिषद पटना, बिहार सरकार द्वारा अधिकृत न्यासधारी महंत मुख्य पुजारी हूँ। गुरु के सान्निध्य में भगवान् श्रीजल्ला हनुमानजी का सामीप्य प्राप्त हुआ। उनके युगल चरणों में शरणागत हूँ। मुख्यमंडप में सेवारत रहते हुए प्रभु का भोग लगाकर श्रद्धालुओं को संतुष्ट कर आशीर्वादी तिलक लगाने का अधिकारी हूँ। वहाँ भी वर्ण-गोत-जाति, भेद-भाव, ऊँच-नीच तथा छुआछूत के पोषक/पुजारी/अधिकारी मेरा अपमान, अपकार तिरस्कार, शोषण-दमन करने में जरा-सा भी नहीं हिचकते। हर मोड़ पर उपहास कर एक वैष्णव संत को गुलामी की जिंदगी जीने को मजबूर कर दिया। आखिर हूँ तो मैं भी एक इनसान ही न? मुझे भी प्यार चाहिए था, दया नहीं। इज्जत चाहिए था, एहसान नहीं? आखिर आप लोग क्यों नहीं दलित (चमार) के एक बेटे को, एक वैष्णव संत को अपने बराबरी का समान हकदार समझते… ?

अत: मानव जिंदगी के उत्सव में रूढ़ परंपराओं से संघर्ष करते हुए उन्हें दरकिनार कर नए उत्साह से, व्यवस्था में परिवर्तन चाहता है। मानव जाति अपनी बेहतरी के लिए हमेशा प्रयासरत रहती है। लाख विफलताओं के बावजूद वह प्रयास नहीं छोड़ता है, जब तक सफलता न मिल जाए। जिंदगी एक सतत संघर्ष है। आध्यात्मिक उन्नति के पथ पर आगे बढ़ते चलें। किसी की मदद के लिए बढ़ते कदम को देख मेरे माता-पिता ने मुझ पर भरोसा किया और सामनेवाले की नजरों से नजर मिलाकर बात करने का हौसला दिया, जिनके आशीर्वाद से मुझे एक छोटे से कस्बे से चलकर प्रदेश की राजधानी के आध्यात्मिक वैष्णव प्रतिष्ठान में सेवारत रहते हुए राष्ट्र स्तर पर आध्यात्मिक सेवा करने का अवसर प्राप्त हुआ। अखिल भारतीय सतनाम संघ का राष्ट्रीय अध्यक्ष तथा अखिल भारतीय रविदास अखाड़ा, अवंतिका पुरी उज्जैन से संबद्धता प्राप्त महाकुंभ हरिद्वार, नासिक, अर्द्धकुंभ हरिद्वार तथा उज्जैन कुंभ मेले में संतों की सेवा करने का समय-समय पर शुभ अवसर प्राप्त होता रहा है।

वैदिक पूर्व पाषाणकाल में मानव का जीवन खानाबदोश की तरह एक स्थान से दूसरे स्थान पर स्थानांतरण होता रहता था। स्थायी निवास के अभाव में सदैव घुमंतू जीवन व्यतीत करते थे। अग्नि के अन्वेषणोपरांत अन्न, कंद, मूल, फूल, फलों तथा शिकार की खोज में देशकाल व जलवायु का बिना विचार किए यहाँ-वहाँ भटकते रहते थे। प्राकृतिक आपदाओं तथा जंगली जानवरों से बचने के लिए

समूह या झुंड में रहना अपने आपको अधिक सुरक्षित समझते थे। अति प्राचीन काल के अतीत से ही मानव उत्थान में स्त्री-पुरुषों की सहभागिता सदैव समान रही होगी। सुख-दु:ख, प्राकृतिक आपदाओं में पुरुषों का साथ निभा उन्नति पथ पर एकता का ध्वज फहराया होगा।

अति प्राचीन काल की नारियों ने पुरुषों की बाँह पकड़कर एक स्थायी एवं सामाजिक जीवन प्रदान किया। कस्बों-कबीलों का निर्माण हुआ। संस्कृति के साथ-साथ सभ्यता का उदय हुआ। बच्चों का पालन-पोषण करते हुए माताओं ने उन्हें कृषि एवं पशुपालन की प्रथम शिक्षा दी होगी। हिंसक वन्य प्राणियों से भरे-पटे जंगलों में मानव जीवन का जीना दूभर था। उन विषम परिस्थितियों में भी माताओं ने कृषि-पशु पालन में दक्षता प्राप्त अपने वय-किशोरों को, अपने सपूतों को हिंसक जानवारों से मानव जीवन की, कस्बों-कबीलों की रक्षा कैसे हो आदि का व्यावहारिक प्रशिक्षण देकर उन्हें अपनी सूझ-बूझ से धरातल पर उतारा। यही नहीं, जच्चा-बच्चा, रोगी, बुजुर्ग तथा अपाहिजों की हिफाजत कर उन्हें नया जीवन प्रदान किया। वयस्क नर-नारियों में समता, एकता, बंधुता, सहिष्णुता, प्रेम, दया आदि का समन्वय भाव हो। खान-पान, रहन-सहन, उठन-बैठन आदि का सबके लिए समान रूप से अवसर प्राप्त हो। उस मान-सम्मान को व्यावहारिक स्तर पर प्रशिक्षित कर बुजुर्ग माताओं ने ही उन्हें घर चलाने की प्रबंधकीय सेवा, उनके कंधे पर रख उन्हें सामाजिक जीवन प्रदान किया।

वैश्य क्षत्री ब्राह्मण, कक्षा श्रेणी कहाय।
वही विकसित वर्णाश्रम, जाति ध्वज फहराय॥

अतीत सहस्राब्दियों के कालखंड-अंगड़ाइयों ने उपरोक्त व्यवस्था को सुदृढ किया और गुरुकुल की परंपरा विकसित हुई। कृषि-पशु पालन व्यवस्था, कस्बा-कबीला जीवन रक्षा, सामूहिक भरण-पोषण, सामूहिक भंडारण तथा सकारात्मक प्रबंधकीय सेवा की क्षमता आँकने हेतु कक्षा श्रेणी का उपार्जन कर क्रमश: वैश्य, क्षत्रिय तथा ब्राह्मण का नाम रखा। ममतामयी महीयसी, तेजस्वी माताओं के अनेक अन्वेषणोपरांत अपने आशीर्वादों से श्रेणीबद्ध छात्रों को अखंड ज्ञान देकर उनके मन-मस्तिक को विकसित किया और उन्हें व्यावहारिक कुशलता से आत्मनिर्भर बनाकर योग्यता प्रदान की।

प्रथम कक्षा श्रेणी में उत्तीर्ण छात्र को कृषि-पशुपालन विधि से वैश्य, द्वितीय

कक्षा श्रेणी में उत्तीर्ण छात्र को समाज एवं सीमा रक्षण विधि से क्षत्रिय तथा तृतीय कक्षा श्रेणी में उत्तीर्ण छात्र को भरण-पोषण, भंडारण, शासन आदि प्रबंधकीय सेवा विधि से ब्राह्मण नामक श्रेणी का इजाफा कर शिक्षा प्रणाली को चुस्त-दुरुस्त किया गया था। सामाजिक संतुलन बनाए रखने हेतु योग्यता के आधार पर काम का बँटवारा हुआ था, पर खान-पान, रहन-सहन, उठन-बैठन, मान-सम्मान तथा शादी-विवाह एक टाट, एक मंच पर सबके लिए समान अवसर प्राप्त था। चाहे वह किसी वंश-गोत्र के हों। आध्यात्मिक ज्ञान प्रकाश से परमात्मा का आभास होते ही अटूट श्रद्धा से ब्रह्म में विश्वास रखते और व्यवहार में खरा उतरते थे कि हमसब एक ईश्वर की, एक पिता की संतान हैं। इसी आध्यात्मिक विद्या तृतीय कक्षा श्रेणी में उत्तीर्ण छात्रों को वरीयता के आधार पर स्नातक की उपाधि से सम्मानित किया गया था। वैश्य से क्षत्रिय, क्षत्रिय से ब्राह्मण तथा ब्राह्मण से स्नातक श्रेणी प्राप्त करनेवाले एक ही छात्र होते थे, चाहे वह किसी भी जाति, वंश, गोत्र का हो, उनको राज्य का सर्वोच्च सम्मान प्राप्त हुआ करता था।

सदियों कालखंड की विडंबनाओं में स्नातक उपाधि को कालजयी बनाकर ब्राह्मण श्रेणी के लोगों ने कोष-भंडारण, भरण-पोषण तथा सत्ता के मद में अपनी व्यावहारिक अहम् भूमिका को भुला दिया। रूप-यौवन के वशीभूत विलासिता में नारियों का संग्रह कर ऐय्याशी में संलिप्त हो गए और बहुपत्नी विवाह की प्रथा धरातल पर लाकर खड़ी कर दी थी। तत्पश्चात् उक्त कक्षा श्रेणी को वर्ण आधार में तब्दील कर सत्ता का उपार्जन कर क्रूर शासक बन बैठे थे। एक-एक ब्राह्मण के लिए 36-36 औरतें रखने का अधिकार बना दिया तथा एक-दूसेको नीचा दिखाने का दुस्साहसपूर्ण प्रचलन सा चल पड़ा। मातृ सत्तात्मक कक्षा श्रेणी को पहले वर्णवाद की परंपरा की घोल चढ़ा पितृ सत्तात्मक समाज को स्थापित किया। जिसका विरोध द्वितीय कक्षा श्रेणी के उत्तीर्ण क्षत्रिय छात्रों ने किया। सदियों खूनी संघर्ष में, तृतीय कक्षा श्रेणी में उत्तीर्ण ब्राह्मण छात्रों के सहयोग से वर्ण पोषक तत्त्वों को प्रेरित कर सत्ता पक्ष विजयी हुआ।

ब्राह्मण को बहु विवाह क्षत्री रोका धाय।
क्षत्री हराय ब्राह्मण, ताहि गुलाम बनाय॥
दास दासी हाट लगा, मानव बेचि अघाय।
सो सब वंश अछूत जग, हंस समुझि न पाय॥

उस खूनी संघर्ष में बहुत से क्षत्रिय मारे गए, जो बचा, उन्हें गुलाम बना गंदे से गंदा कार्य कराकर तड़पा-तड़पाकर मार डालते या दूसरे ब्राह्मणों के पास बेच देते। उनकी पहुँच से जो क्षत्रिय बाहर रहे, उन्हें वर्णवादी व्यवस्था में लपेटने का सफल प्रयास किया और सफल हुए। 'स्त्रीशूद्रोनाधीयताम्' का नारा दे क्षत्रिय वर्ग के गुलाम स्त्री-पुरुषों को पशुता की हैवानियत से कुचल-कुचलकर नर्क के गर्त में पहुँचा दिया। कर्मणा आधार तथा योग्यता आधार की अवहेलना कर वर्ण आधार को ईश्वरीय मान्यता दे भारतीय समाज को लगभग 6000 टुकड़ों में बाँटकर उनपर शासन किया।

पूर्व वैदिक जीवन में मातृ सत्तात्मक सारगर्भित वैश्य, क्षत्रिय तथा ब्राह्मण कक्षा श्रेणी को गुरुकुलों में सत्तापक्ष के अधिकारी व आचार्यों द्वारा गुण-कर्म-स्वभाव के अनुसार उत्तीर्ण छात्रों को वर्णात्मक संज्ञा प्रदान किया गया। परिणामतः उत्तर वैदिक जीवन चार वेदों, चार आश्रमों और चार वर्णों पर केंद्रित व्यवस्था व प्रणाली को सनातनी वैष्णव पद्धति के रूप में स्वीकार कर लिया गया। ब्रह्मचर्य (जन्म से 25 वर्ष तक) गृहस्थ (26 से 50 वर्ष तक) वानप्रस्थ (51 से 75 वर्ष तक) और संन्यास (76 से 100 वर्ष तक) यह चार आश्रम है और शूद्र वैश्य क्षत्रिय एवं ब्राह्मण चार वर्ण कहलाते हैं। जन्म के समय सभी बच्चे शूद्र पैदा होते है। गुरुकुल व विद्यालय में अध्ययन कर उनके जैसे गुण-कर्म-स्वभाव व योग्यता होती है, उसके अनुसार ही वैश्य, क्षत्रिय व ब्राह्मण वर्ण आचार्यों तथा शासन व्यवस्था द्वारा दिए जाने का विधान उत्तर वैदिक काल में था, जो महाभारत काल के बाद जन्म के आधार पर अनेक जातियों में परिवर्तित हो गया।

अतीत के घाव पर मरहम-पट्टी बाँधकर प्रथम ब्राह्मण वर्ण, द्वितीय क्षत्रिय वर्ण, तृतीय वैश्य वर्ण और चतुर्थ शूद्र वर्ण की संज्ञा दे सामाजिक एकता को तोड़ टुकड़े-टुकड़े कर उन्हें बिखेर दिया। इस धराधाम पर क्षत्रियविहीनता की तो कहीं पर देवासुर संग्राम की महक आज भी व्याप्त है। ईर्ष्या-द्वेष ऐय्याशी में संलिप्त सत्ता पक्ष के ब्राह्मणों ने वर्ण व्यवस्था में पूर्णतया सफलता नहीं मिलते देख जन्मना जाति व्यवस्था कायम करने का जेहाद छेड़ दिया तथा पूर्व वर्ण-व्यवस्था को ईश्वर से जोड़ उनका आदेश तक बता डाला। क्षत्रिय श्रेणी के गुलामों को, स्त्रियों को पहले चौथे वर्ण शूद्र में व्यवस्थित किया, बाद में उन्हें सछूत और अछूत श्रेणी में रख अस्पृश्यता के नर्क में धकेल दिया।

सृष्टि के विकास की गति मानवता के साथ-साथ परमात्मा की प्राप्ति के लिए बने विधि-विधानों, कर्मकांडों, रीति-रिवाजों का चलन इतना बढ़ता चला गया कि कालांतर में इन कर्मकांडियों ने अपनी जड़ें इतनी गहरी जमा लीं कि मूल उद्देश्य से हटकर लोग विधि-विधानों को अपनाने पर ही जोर देने लगे और परमात्मा को जानने, तत्त्वज्ञ-ब्रह्मज्ञ होने का ध्येय-ध्यान से विस्मृत-सा हो गया।

मूल उद्देश्य से भटकने के कारण सामाजिक बुराइयाँ बढ़ती चली गईं। धर्म और धार्मिक अनुयायी आपस में टकराने लगे। यह टकराहट कहीं शस्त्र से हुई तो कहीं शास्त्रों के द्वारा। 21 बार धरती से विहीन क्षत्रिय, देवासुर संग्राम तो कहीं पुराणों की विसंगतियाँ देखें। आचार्य किशोर कुणाल कृत 'दलितदेवो भव', भविष्य-पुराण (41 से 44वाँ अध्याय) स्वामी अगड़ानंदजी का यथार्थ गीता।

धर्म का लक्ष्य है, लोक में समृद्धि और परम श्रेय की प्राप्ति। यह सूत्र किसी जाति विशेष की नहीं बल्कि संपूर्ण मानव जाति के प्रतीकात्मक आस्था का संकेत है···मानवता का प्रतीक है···समरसता का द्योतक है। पुरो की रक्षा करनेवाला ऋग्वैदिक काल के हम पुरोहित थे। वैदिक बार्षिकोत्सव सत्र के प्रथम पुरोहित महर्षि कवष ऐलूष, महिदास ऐतरेय, सत्यकाम जाबाल रैक्य आदि हुआ करते थे। वे अपनी सूझ-बूझ से बटूको को शिक्षा-दीक्षा देकर समरसता एकता बंधुता, सहिष्णुता, दया, प्रेम तथा मानवता से अखंड ज्योति दीप प्रज्ज्वलित किया। चैवर, चामूंड, चेता श्रद्धा भक्ति एवं सत्ता के ऊँच शिखर पर आसीन थे। अनंत श्री विभूषित स्वामी रामानंदाचार्यजी महाराज के पावन पवित्र वैष्णव परंपरा के समर्थक संत शिरोमणि सद्गुरु रविदासजी महाराज निर्गुण और सगुण दोनों मतों को माननेवाले, स्वयं साकार रूप धारण करनेवाले, आनंद प्राप्त करनेवाले सुंदर तथा शुद्ध हैं···ब्रह्म स्वरूप हैं। हम उन चरण कमलों की अहर्निश पूजन-अर्चन, चंदन-वंदन, अभिनंदन करते हैं। इसी शुभकामनाओं के साथ।

—घनश्याम दास हंस

अध्यक्ष सतनाम संघ, पटना, बिहार

श्री हंस आश्रम-महरो, पो. पिपरिया

वाया दुर्गावती, जिला-कैमूर-821105

मो. : 9771597390

गुरु रविदास दर्शन

प्रिय सज्जनो,

वरणेश्वर बोधिसत्व संत शिरोमणि ओंकारेश्वर स्वामी सद्गुरु रविदासजी महाराज को कोटि-कोटि नमन करता हूँ। हे समरसता के अग्रदूत, हे बोधिसत्व गुरु रविदासजी! दिव्य फल प्रदान कर सभी दिशाओं में विद्वान्, यशस्वी एवं लक्ष्मीमान बनानेवाले, आप सर्वत्र सभी प्राणियों में वंदनीय हैं...स्मरणीय हैं...पूजनीय हैं। आपको शत-शतबार प्रणाम है। वरण करने योग्य आदि गुरु कवष ऐलूष, आदि पुरुष महिदास ऐतरेय, महाराजा चँवर सैन, महर्षि सम्राट् चामूंड राव, तेजस्वी ऋषि कर्मवीर चेता तथा दादा गुरु हरिदासजी महाराज के साथ-साथ अपने-अपने पाता-पिता एवं गुरु के चरणों में बार-बार प्रणाम करता हूँ।

वर्ण व्यवस्था में गुलाम दास-दासियों का अपमान अपशब्दों से दुत्कार व तिरस्कार होता रहा। आर्थिक, सामाजिक, सांस्कृतिक तथा धार्मिक प्रतिबंधों द्वारा मानव होने का, स्वयं का अहसास तक खत्म कर दिया गया था। उन्हें टूकड़ों-टुकड़ों में बिखेर कर पशुओं से भी बदतर बना डाला था। प्रभु के बंदों को धन-संपत्ति अर्जित करने, वैदिक मंत्रों को पढ़ने, मानवीय गौरव आदि सम्मान तो दूर ईश्वर का नाम लेने तथा सुनने तक के अधिकार से वंचित कर दिया गया। जिसने भी विरोध किया, उसकी जुबान काट ली जाती थी। कानों में रांगा गरम करके डाल दिया जाता था या पेड़ से बाँध निर्दयतापूर्वक मौत के घाट उतार दिया जाता था।

यह सच है, जिसे दुःख होता है, पीड़ा होती है, वही अत्याचारों से तंग आकर समय के हुक्मरानो, सत्ताधारियों और आक्रांताओं को खुला विरोध करता है। मध्ययुग में भी यह स्थिति हुई है। उस समय निम्न वर्ग को एक ऐसे विरोध की आवश्यकता थी। इसलिए अस्पृश्यों ने गुरु रविदासजी की अगुवाई में एक

धार्मिक आंदोलन का झंडा उठाया क्योंकि उस समय अंत्यजो पर खुब जूल्म हो रहे थे। विदेशी क्रूर आक्रांताओं के आकाओं ने भी अछूतों को रौंद उन्हें मिट्टी प्लिद कर रहा था।

ऊँच-नीच, छुआ-छूत, जाति-भेद, संप्रदाय-भेद आदि विसंगतियों, दुर्गुणों और सामाजिक बुराईयों से धर्म और धार्मिक अनुयायी आपस में टकराने लगे। निम्न परिस्थिति में जनमे गुरु-पीर-पैगंबरों, संत-महात्माओं ने उन विडंबनाओं के विरुद्ध आवाज उठाई और इनसान को इनसान बनकर जीने का संदेश दिया। कठिन समय में भी व्यक्ति को अपने लक्ष्य का परित्याग नहीं करना चाहिए। इससे विपत्ति भी आपके सामने एक बढ़िया अवसर लेकर आती है। मन पर पड़ी हुई मान्यताओं का बोझ हमारी उन्नति में बाधक बनता है, इसीलिए उसे उतार देना ही श्रेयस्कर है।

विश्व भ्रातृभाव और अपने देश में प्रथम स्वराज की नींव डालने के लिए जातिवाद के विरुद्ध संत शिरोमणि स्वामी सद्गुरु रविदासजी महाराज ने जन-जागरण द्वारा सामूहिक कीर्तन, सामूहिक लंगर तथा सामूहिक नाम-जप की परंपरा कायम की, तत्पश्चात् उसी परंपरा को कायम करनेवाले मध्य युग के संतों की अहिंसावादी क्रांति को क्रांति न कहकर भक्ति आंदोलन कहा जाता है। अतः निम्न परिस्थिति में जन्मे सभी लोगों के एक जूट होकर, अंधविश्वास से लिप्त लोगों के विरोध में सुचारु रूप से चलाया गया, जन-जागरण की एक सबल धार्मिक आंदोलन था—

वन्दौं पूरण ब्रह्म को, निराकार परिभाष।
आदि गुरु कवष ऐलूष, आदि पुरुष महिदास॥
वंदऊं ब्रह्मवाहक, दादा गुरु हरिदास।
माँ भगवती लोना जी, सम्मुख गुरु रविदास॥

नाना-कमल सेन, नानी-अन्नपूर्णा देवी, दादा गुरु हरिदास, दादी चतर कौर, पिता—रघुनंदन, माता कर्मा, महंत श्री श्री 1008 श्री सद्गुरु रविदास महाराज, बहन-सगुनी, बुआ-सुधा, पत्नी-भगवती लोना तथा पुत्र-विजय दास।

संवत चौदह सौ तैंतीस, माघ सुदी पन्द्रास।
दुखियो के कल्याण हीत, प्रकटे गुरु रविदास॥

वंदनीय, स्मरणीय, पूजनीय स्वामी सद्गुरु रविदासजी का जन्म मोक्षदायिनी

काशी की पवित्र धरती सिरगोवर्धनपुर में माघ शुक्ल पक्ष पूर्णिमा दिन रविवार संवत् 1433 वि. (1376 ई.) की अरुणोदय बेला में हुआ था। ऊँच-नीच जाति-भेद, धर्म-भेद, संप्रदाय-भेद आदि विषम परिस्थितियों से गुजरते हुए देश में हाहाकार मचा हुआ था। मुसलिमकरण, ईसाईकरण की नीतियों से झुलसता हिंदू समाज त्राहि-त्राहि कर रहा था। छुआछूत की मार, शस्त्रों की टंकार से देश कराह रहा था। उन चुनौती भरी विषम परिस्थितियों में आप का प्राकट्य मानो एक शांति का संदेश था। अत: कोटि-कोटि दिव्य पुंज किरणों के साथ आपके प्रकट होते ही तम का विनाश हुआ। नवजात शिशु के मुखमंडल पर नई सुबह की नई किरण पुंज दमकती शीतलता प्रकाशित हुई देख अनायास ही गुरु तथा विद्वत जनों ने बड़े प्यार से इन्हें कुलवंश को उजागर करनेवाला रवि का दास रविदास कहकर पुकारा। घुँघराले बाल, चौड़ा ललाट, कजरारी आँखें, मुस्कराते ओंठ, गोरा-चिट्टा रंग, मुखमंडल पर दमकता ओज, हृष्ट-पुष्ट बालक को देख नगरवासी हृदय से आकर्षित हो, इनकी तरफ खींचे चले आते और दर्शन-नमस्कार से संतुष्ट हो अपनी-अपनी राह चले जाते थे।

पाँच साल की अवस्था में भंते श्री संदन स्वामीजी से शिक्षा ग्रहण करते हुए प्रकृति की लीलाओं को खोज निर्गुण निरंजन ब्रह्म का ध्यान-पूजन कर हमजोले बच्चों में मिट्टी के लड्डू की पंगत जिमाई। अपने-अपने हाथ में बेसन का लड्डू देख सभी बच्चे गुरु रविदासजी का करिश्मा जान जयकारा लगा-लगाकर गद्गद हो गए। हमजोली बच्चों के साथ खेलते हुए अचानक अकेले ही बीहड़-जंगलों के बीच पहुँच, स्वच्छ स्थल पर बैठ ध्यानमग्न हो गए। इधर शाम होते ही सभी बच्चे अपने-अपने घर लौट गए, पर गुरु रविदासजी नहीं लौटे। माता-पिता, नगरवासी चारों तरफ खोज-ढूँढ़कर थक-हार गए, पर रविदासजी का कहीं पता नहीं चला। जहाँ से रविदासजी लापता थे, वहाँ पर हमजोली बच्चे उनके आने की बाट प्रतिदिन देखते रहे कि अचानक आठवें दिन गुरु रविदासजी सामने आ ऊँची शिला पर बैठ सब बच्चों को सतनाम राम का उपदेश देने लगे। सब बच्चे उपदेश ग्रहणकर उनके साथ अपने-अपने घर को वापस चले गए।

गुरु रविदासजी की अनुपम प्रतिभा स प्रभावित होकर स्वामी संदनजी महाराज ने उन्हें आठवें दर्जे तक की शिक्षा-दीक्षा प्रदान कर सत्यवादी, अहिंसक, उदार हृदयग्राही, प्रज्ञावान एवं निर्भीक योद्धा बना दिया। निर्गुण, निराकार, निश्छल,

आकाश में दिव्य ज्योतिप्रभा को देखकर गुरु रविदासजी पुन: वीतराग हो गए और गुरुपद को धारण कर तेरह वर्ष की अवस्था में ही समाज को एक नई रौशनी स्वरूप गुरुमुखी प्रदान की। वंशवृक्ष के खयाल से घबराए माता-पिता ने मिर्जापुर के निवासी सोमदास तथा श्रीमती नंदनी की एकलौती पुत्री भगवती लोना से वय-किशोर गुरु रविदासजी की शादी रचा दी। पाखंडों के विरुद्ध उठ खड़े हुए सद्‌गुरु स्वामीजी ने भगवती लोना की बाँह पकड़ गंगा किनारे सिर गोवर्धनपुर में सतनाम सुमरन कर संदेश-उपदेश देने लगे। चौंतीस अक्षरों का सर्जन कर गुरुमुखी को अपने शिष्यों, श्रद्धालुओं तथा संतों को गुरु ग्रंथ स्वरूप सतनाम साहिब प्रदान किया। स्वामी रामानंद के तत्काल प्रभाव को स्वीकार करते हुए वैष्णो पद्धति के अनुसार पूजन-अर्चन व आरती कर गृहस्थों, श्रद्धालुओं एवं संतों को चरणोदक (तीर्थ प्रसाद) ग्रहण करने की एक मार्यादा कायम की, जिसे देखकर कुछ ब्राह्मण तुनक गए, कुछ क्रोधित हो डाँटकर कहने लगे कि अरे नीच! तुझे तो उस चरणामृत को स्पर्श करना तो दूर, उसके निकट जाना तक नहीं माँगता।

स्वामी गुरु रविदासजी ने उन ब्राह्मणों को बड़े उदार हृदय से समझाने का प्रयास किया। अतीत से ही समरसता के धरातल पर गंगा, यमुना, सरस्वती जैसी बहती त्रिवेणी का पवित्र जल तीरथ है, वैसे ही वैश्य-क्षत्रिय, ब्राह्मण गुरुकुल की कक्षा श्रेणी हैं। वर्णाश्रम की उच्च शिक्षा नीति है। ऊँच-नीच की खाई पैदा करनेवाली जाति बनाकर आप सब सनातन धर्म में अब अनीति तथा अफवाह न फैलाएँ। निम्न जाति के संतों का चरणामृत त्यागना, उनको सार्वजनिक मंदिर के मुख्य गर्भगृह से बाहर रखना तथा उनकी पूजन-अर्चन-आरती से उन्हें वंचित रखना ही ब्राह्मण समाज अपना धर्म बचाना मानता था। अत: गुरु रविदासजी की निमन, निर्मल व निर्भय वाणी से उनके संदेश-उपदेश से कुंठित ब्राह्मण मंडली ने जाकर काशी नरेश से चुगली की।

काशी नरेश वीर सिंह बघेल के तत्त्वाधान में संत शिरोमणि समारोह गंगाजी के तट पर राजघाट में हुआ। ब्राह्मणों के कथनानुसार राजा ने शर्त रखी कि गंगा माता आशीर्वादी शालीग्राम वापस जिसे देगी, वह विजयी होगा। उसे संत शिरोमणि का सम्मान प्रदान कर कनक पालकी द्वारा कंधे पर उठाकर नगर के चारों ओर घुमाएँगे और उसी राजगुरु को संदेश-उपदेश देने का अधिकार होगा। शर्त के मुताबिक सभी पंडों ने निश्चित समय पर राजा की उपस्थिति में मंत्रोचारण के

साथ काठ के शालीग्राम गंगाजी में छोड़ दिए, जो हवा के वेग से सभी शालीग्राम डूबते-उतराते गंगाजी के बीच लहर में जा समा गए। ब्राह्मणों के निराश होते ही राजा ने गुरु रविदासजी से निवेदन किया कि हे गुरुदेव! आप भी गंगाजी में डाल, तैराकर वापस उनसे शालिग्राम प्राप्त करें। ध्यान स्तुति के बाद चंदन से सोऽहं सतनाम लिख गंगाजी में तैराते ही उछलकर आशीर्वादी शालीग्राम गुरु रविदासजी के गोद में आ गिरा। सभी लोग श्रद्धा से गुरु रविदासजी की जय-जयकार करने लगे। शर्त के अनुसार राजगुरु के आसन पर बिठा संत शिरोमणि सम्मान से पगड़ी बाँध, चादर पोषितकर सम्मानित किया गया अत: राजकीय कनक पालकी द्वारा सभी पंडों ने कंधे पर उठाकर संपूर्ण काशी नगर का भ्रमण कराया और उन्हें राजगुरु स्वीकार किया।

आध्यात्मिक गुरु रविदास की प्रेमाभक्ति और ज्ञानयज्ञ के स्वाभाविक प्रभाव से उनकी प्रसिद्धि की महक स्वामी शारदानंद के पुत्र लाला (लालचंद) को लग गई और वह गुरु रविदासजी के चरणों का दर्शन कर प्रतिदिन श्रद्धा से लंगर छकने लगा। जातिवादी कर्मकांडी ब्राह्मणों के मना करने पर भी वह नहीं माना, तो बाप-बेटा दोनों को कुजात छाँटकर ब्राह्मण समाज से बहिष्कृत कर दिया गया। लाचार स्वामी शारदानंदजी ने ऊँची जाति के ब्राह्मण होने की साख बचाने के क्रम में बहुत बड़ा व असहनीय त्याग का संकल्प लिया। ब्राह्मण बिरादरी का संकल्प स्वीकार कर राजाज्ञा से अपने बेटे को खूँखार शेर के आगे परोस कलंक छुड़ाना चाहा, किंतु भगवती लोना के लंगर की पंगत के प्रभाव को खूँखार शेर ने भी महसूस किया। सतनाम सुमिरन करनेवाले, निडर, निर्भीक, साहसी, सत्यवादी खड़े लाला के चरणों में जाकर शेर बैठ गया। महाकाल के मुख से अपने पुत्र को निकलता देख स्वामी शारदानंदजी गुरु रविदासजी की रहस्यमयी अद्‌भुत लीला को हृदय से स्वीकार कर मुग्ध हो नतमस्तक हो गए। पत्नी के करुण रुदन व चीत्कार ने उनके अंत:करण को झकझोर दिया। अत: बाह्याडंबर, मिथ्यावादी व्यवहार को तिलांजलि दे अपने जिगर के टुकड़े, अपने पुत्र को हृदय से लगा लिया। स्वामी शारदानंदजी ने सपरिवार गुरु रविदासजी के चरणों का दर्शन कर क्षमायाचना के साथ उन्हें स्वर्णमुकुट प्रदान किया।

एक बहेलिया के जाल में फँसी हिरनी ने व्याध से निवेदन किया कि मुझे छोड़ दो। उसे जवाब मिला—बहुत मेहनत से पकड़ा हूँ, तुझे छोड़ने के लिए।

हिरनी ने पुनः निवेदन किया कि कुछ घंटों ही सही मुझे मुक्त कर दो, छोड़ दो। मैं सच कहती हूँ कि बच्चों को दूध पीलाकर पुनः तुम्हारे पास वापस आ जाऊँगी, तब मुझे ले जाना। बार-बार विनती से आजीज होकर बहेलिया ने हास्यप्रद बचन बोला—अगर कोई तेरा जमानत लेगा तो तुझे मैं अवश्य छोड़ दूँगा। सामने ध्यानमग्न बैठे गुरु रविदासजी महाराज पर नजर पड़ते ही हिरनी ने कातर दृष्टि से देखती हुई, उनसे स्तुति करने लगी। हे गुरुदेव! दया के सागर मेरी जमानत ले लो, ताकि मैं अपने बच्चों को दूध पिलाकर, समझाकर पुनः आ जाऊँगी।

दया के सागर गुरु रविदासजी ने हिरनी की जमानत लेकर बहेलिया से कहा कि इसे छोड़ दो। यदि वह पुनः नहीं आई तो जो जुरमाना या दंड दोगे, वह सब मैं भरूँगा। बहेलिया ने हिरनी को छोड़ दिया और वात्सल्यमयी हिरनी कूदती-फांदती बच्चों के लिए दौड़ चली। हाँफती हुई हिरनी बच्चों के निकट जाकर घबराई स्वर में बोली—प्यारे बच्चो! जल्दी आओ, आज भर मेरा दूध पी लो। तुम्हें दूध पिलाने मैं कभी नहीं आऊँगी। मेरी चिंता मत करना बच्चो, सभी बच्चे ने एक स्वर में बोले—क्यों? हिरनी ने कहा—एक बहेलिया ने मुझे पकड़ लिया है। एक संत महाराज के जमानत लेने पर तुम सबको दूध पिलाने आई हूँ। तुम सब जल्दी-जल्दी मेरा दूध पी लो। बच्चे-जब तू यहाँ रहने को कहेगी, तभी तुम्हारा दूध हम पिएँगे, वरना हम लोग भी तुम्हारे साथ चलेंगे। हिरनी-बच्चो! जब मैं नहीं जाऊँगी तो बड़ा अनर्थ होगा। बहेलिया संत को बड़ा कष्ट देगा। हमें बड़ा पाप लगेगा। बच्चे—हम लोग भी उस महान् संत के दर्शन करने चलेंगे? जो तुम्हारी जमानत ले सकता है तो वह हम लोगों को भी मुक्त करा सकता है।

उस संत महाराज का दर्शन करने के बाद ही हम सब, तुम्हारा दूध पिएँगे। बच्चों की हठधर्मिता से लाचार हिरनी सब बच्चों को साथ ले सद्गुरु महाराज के निकट जा पहुँची। गुरुजी के चरणों में माथा टेक सभी बच्चे एक स्वर में कहने लगे, मेरी माताश्री को मुक्त करो गुरुदेव! माताश्री को मुक्त करो, वरना हम सब आपके चरणों में ही जान दे देंगे। निकट बैठा बहेलिया बच्चों का निवेदन सुन हतप्रभ हो गया। वह भी गुरुजी की शरण में जा गिरा। पशु होकर इन बच्चों ने मेरी बंद आँखें खोल दीं। आज से इन सबको मैं मुक्त करता हूँ। हे गुरुदेव! आप अपना शिष्य बनाकर मुझे भी मुक्ति का मार्ग दिखाओ। कृपालु! दया के सागर सद्गुरु रविदासजी ने सहिष्णुता, क्षमा, दया, त्याग, तपस्या और मानवता का उपदेश देते

हुए व्याध को मुक्ति का मार्ग सुलझाकर शिष्य बना लिया।

गुरु कबीर साहिब के पुत्र कमाल और पुत्री कमाली तर्कसंगत वाणी से प्रखर, तेजस्वी, दयालु एवं उदार हृदयग्राही थे। समाज सुधारक समरसता के पोषक सद्गुरु रविदास के शरणागत करा शिक्षा-दीक्षा दिलवाकर उन्हें महान् आदर्शवान बना दिया। भारतीय साहित्यों में, इतिहासों में कमाल-कमाली का अनेक साक्ष्य भरा-पड़ा है। यही नहीं, चितौड़ की महारानी झाली ने गुरु कबीर साहिब के प्रवचनों के वशीभूत हो, उनसे दीक्षा लेने का निवेदन किया तो उन्होंने स्पष्ट शब्दों में कहा—यह काम साधनमां स्वामी सद्गुरु रविदासजी करते हैं, मैं नहीं। महारानी झाली को गुरु रविदासजी के दरबार में पहुँचाकर उनसे दीक्षा दिलवा दी। बोधिसत्व संत शिरोमणि सद्गुरु रविदासजी महाराज ने समरसता के सिद्धांत को प्रकाशित कर परब्रह्म परमात्मा की सच्चा अनुशरण दिला दी। गद्गद स्वर से महारानी झाली बहुत सा दान-दक्षिणा समर्पित कर अपने यहाँ चितौड़ में महायज्ञ का अनुष्ठान करने हेतु आमंत्रण देकर वापस चली गई।

समय आने पर स्वामी गुरु रविदासजी ने चितौड़ पहुँच महारानी झाली की उपस्थिति में महायज्ञ का अनुष्ठान किया। हर्षोल्लास से समरसता के सिद्धांत पर यज्ञ प्रारंभ हुआ। हर वर्ण, हर जाति के लोगों को उसमें आमंत्रित किया गया। सबको एक टाट, एक पंगत में बैठकर भोजन करने की अनुमति दी गई, जिसका विरोध करते हुए ब्राह्मणों की गुटबंदी ने उस यज्ञ में बहुत बड़ा व्यवधान पैदा कर दिया और अपनी-अपनी जाति के अनुसार सबको पंगत करने को विवश कर दिया। वर्ण-गोत्र-जाति के अनुसार सभी लोग अलग-अलग भोजन के लिए बैठ गए। भोजन परोस दिया गया। मंत्रोचारण—'सतनाम कहे सुख होय, राम कहे दुःख जाय। महिमा महा प्रसादा, पावो भोग लगाय' का उद्घोष होते ही हर एक पंडा के बीच बैठे हुए सद्गुरु रविदासजी महाराज ने सबसे पहले भोग लगा दिया। उसके बाद एक-दूसरे को निहारते हुए लज्जित पंडे ने उस अलौकिक शक्ति को परख मौन ही भोजन कर चुपचाप राह पकड़ अपने-अपने रास्ते चले गए।

श्री गंगाराम पंडा ने स्तुति कर गुरु रविदासजी के द्वारा दी गई चौगानी को माता गंगा के दाहिने हाथ में रख दिया। माता ने एक आशीर्वादी कंगन उस पंडा को देकर कहा—यह गुरु रविदासजी को दे देना। इसके बाद वह अंतर्धान हो गई। अनमोल रत्न जड़ित उस कंगन को देख धन कमाने के उद्देश्य से ब्राह्मण ने एक

राजा को दे दिया। राजा ने उस कंगन को बड़े प्यार से रानी के एक हाथ में डाल दिया। रानी ने अपना दूसरा हाथ बढ़ाया, तब राजा ने कंगन के अभाव में दूसरे हाथ की शोभा नहीं बढ़ा सका। दूसरे कंगन के अभाव में अपशकुन के भय से रानी ने काँपते हुए कहा कि इसका जोड़ा नहीं पहनाइएगा तो मैं अपने प्राण त्याग दूँगी।

भयभीत राजा ने उस कंगन की जोड़ी लगाने को कहा तो उस पंडा के लाख प्रयास के बावजूद भी कहीं से कोई जोड़ी नहीं ला सका। राजा ने उसको फाँसी की सजा सुनायी। डरे-सहमे उस पंडा ने एक गुप्त रहस्य को उद्भासित कर गुरु रविदासजी से मिलने का एक मौका माँगा। अनुमति लेते हुए राजा भी उसके साथ गुरु रविदासजी के दरबार में पहुँचे और रहस्य को खोल उनसे क्षमा याचना की। उदारग्राही गुरु रविदासजी महाराज ने उसे क्षमा कर शरणागत का स्वागत करते हुए अपना कठारी उसके आगे रखकर बोले कि 'मन तऽ चंगा कठारी गंगा' जितना चाहो, निकाल लो। कठारी जल में अनेक जोड़ी रत्न जड़ित वैसा ही कंगन देख राजा-रानी अति संतुष्ट हो, उस अलौकिक गुरु के चरणों में माथा टेक उनके कृपापात्र बना गए।

माँ भगवती लोना लंगर की मर्यादा का ध्यान रखते हुए साधु शाही भेष में स्वयं भगवान् शिवजी ने एक पारसमणि पत्थर का टुकड़ा दिखाते हुए कहा कि इसे अपने पास रख लो। आपकी आर्थिक तंगी को यह दूर करेगा। किसी भी लोहे को इससे छुआ दोगे तो वह कुछ ही पल में सोना बन जाएगा। गुरु रविदासजी ने कहा—इसे उस छप्पर में रख दो, जरूरत आने पर प्रयोग में लाया जाएगा। छह माह बाद उसी साधु ने पारसमणि पत्थर की बात की तो गुरुजी ने कहा-उसकी कोई आवश्यकता ही नहीं पड़ी। वह वहीं पड़ा है, जाकर ले लो। वहाँ जाकर देखा तो पारसमणि पत्थर ज्यों-का-त्यों पड़ा है। सामर्थ्यवान होने का आशीर्वचन देकर वह साधु अंतर्ध्यान हो गया।

समरसता, मानवता के रक्षक स्वामी सद्गुरु रविदासजी महाराज ने अलौकिक शक्ति के सामर्थ्य से सदना पीर को दीक्षा दे रामदास बना डाला। ननकाणा में श्री नानक देवजी ने 21 रुपए की रोटी श्रद्धा से गुरु रविदास, कबीर साहब, त्रिलोचन तथा धन्ना आदि संत-महात्माओं को खिलाकर उदार हृदय से सचखंड का सौदा खरीद लिया। गुरु रविदासजी ने उन्हें भावी पीढ़ी का होनहार, कर्मठ, ईमानदार तथा योग्य महापुरुष होने का सौभाग्य प्रदान किया। नाम-दान चौती देकर निस्स्वार्थ

मानव कल्याण सेवा हेतु ज्ञान-यज्ञ का उत्कृष्ट व्यापारी भी बना दिया। पिता द्वारा प्रताड़ित होने, देशी-विदेशी आक्रांताओं, पश्चात् संस्कृतियों तथा अनेक विषम परिस्थितियों में भी गुरु रविदासजी द्वारा दी गई सहजता से प्राप्त धरोहरों को सँजोए मानवता की रक्षा करते रहे, स्वामी सद्गुरु नानकदेवजी।

सदना पीर के द्वारा पूर्व में दिए गए निर्देशों पर शाह सिकंदर लोदी ने मुसलिमकरण की नीति में गुरु रविदास, कबीर साहब, धन्ना, त्रिलोचन, सैना एवं नामदेव आदि संतों को बंदी बना लिया। कठोर-से-कठोर यातना देकर भी गुरुओं की उस अलौकिक शक्ति के आगे हारकर नि:सहाय हो उनका मुरीद बन गया। गुरु रविदासजी ने उसे शिक्षा देते हुए कहा कि विश्व-विजेता बनना है तो तलवार को फेंक दो और शिक्षा पर ध्यान दो, मकतबा, मदरसा खुलवाओ। शाह सिकंदर लोदी ने अपनी भूल को स्वीकारा और क्षमा माँग ली। मानवता का संरक्षक बन नए अंदाज में शिक्षा-पद्धति को सुधारा तथा मदरसा खुलवाकर देश में एक नया कीर्तिमान स्थापित किया।

प्रत्येक वर्ष की भाँति राणा सांगा के शासनकाल में संत समागम में उपस्थित हुए स्वामी गुरु रविदासजी के सम्मान में आठ वर्षीय मीरा से स्वागत गीत प्रस्तुत कराया गया। गीत के मधुर बोल से सभी के साथ बोधिसत्त्व संत शिरोमणि स्वामी गुरु रविदासजी झूम उठे। आनंद विभोर हो सद्गुरु स्वामीजी ने आशीर्वादी में अपना एकतारा मीरा को देकर पुरस्कृत कर दिया। सद्गुरु द्वारा प्रदत्त शिक्षा-दीक्षा के अनमोल संस्कारों में पली मीरा को बचपन से अपने दादा श्री राउ दूदाजी का संरक्षण प्राप्त था। माता रत्न कुँवरी, पिता रतन सिंह की इकलौती संतान थी। समय चक्र की अनमोल गति से राणा सांगा के तीन पुत्रों में प्रथम पुत्र भोजराज से मीरा का विवाह हुआ। दादी माँ की नसीहत तथा सद्गुरु रविदासजी की दीक्षा को अपने जीवन के नियमन सिद्धांत 'मेरे तो गिरधर गोपाल, दूसरो न कोई' को स्वीकारा और भगवान् श्रीकृष्ण की भक्ति में लीन हो गई थी। क्रूर नियति ने विधवा मीरा को मृतक पति भोजराज के साथ सती होने के लिए विवश कर दिया था। अचानक सद्गुरु रविदासजी ने प्रकट हो महाशोक में डूबी हुई मीराजी को सती होने से बचा लिया। मीरा के हृदय में सद्गुरु रविदासजी का प्रेम-भक्ति ज्ञानयज्ञ (भक्ति आंदोलन) से संबंधित अनेकानेक मानवीय उदाहरण एवं सात्त्विक विचार उत्पन्न होने लगे, जो सभी गुणों और विशेषताओं के अथाह सागर थे।

खानवा के युद्ध में द्वितीय पुत्र के साथ राणा सांगा मारा गया। निर्लज्ज, नालायक एवं ऐय्याशीतीसरा पुत्र विक्रम ने राजगद्दी पर बैठ, भाभी मीरा पर अँगुली उठा दी। सांसारिक सुखों की सभी सुविधाओं को उपलब्ध कराने तथा उन्हें पटरानी बनाने आदि क्या-क्या नहीं प्रलोभन दिया, पर उन्होंने उसे देखा तक नहीं, ठुकरा दिया, सब बेकार चला गया। आध्यात्मिक उन्नति सोपान पर चढ़ी मीराजी ने साधुशाही जीवन स्वीकार किया। मानवता की संरक्षिका बनी, पैरों में घुंघरू बाँधे, सछूत-अछूत गलियों में जाकर समरसता की चादर बिछाई और सामूहिक कीर्तन द्वारा स्वामी सद्गुरु रविदासजी के अमर संदेश को बाँटा, जिसे देखकर राणा विक्रम को नागवार-सा लगा। ऊँची जाति का होने की झूठी शान में सामूहिक भजन-कीर्तन, सत्संग तथा साधु-संगतों में आने-जाने पर रोक लगा दी। मीरा को समझाने और उसे अपने नियंत्रण में लाने के लिए दासियों, बहन उदाबाई तथा अपनी माता को नियुक्त कर दिया। व्यावहारिकता, शालीनता, सहजता तथा निर्मलता से प्रभावित होकर समस्त दासियाँ, ननद उदाबाई तथा सासू माँ ने मीरा के सामूहिक भजन-कीर्तन में भरपूर सहयोग दिया, जिससे चिढ़कर राणा विक्रम ने स्वाभिमानी मीरा को नदी में डुबाया। जहर पिलाया, विषधर नाग छोड़ा, शेर के आगे परोसा और अंत में गुरु को ललकारा।

पंद्रह सौ अस्सी संवत, जंजर बना शरीर।
सतलोक रविदास गये, 'हंस' चित्तौड़ अधीर॥

मानवता की मर्यादा की रक्षा में आजीवन संघर्ष करते हुए स्वामी सद्गुरु रविदासजी महाराज ने चैत शुक्ल पक्ष सप्तमी संवत 1580 को स्वयं को न्योछावर कर सतलोक चले गए। परिणामत: शोक में विह्वल मीरा को राजभवन चित्तौड़गढ़ छोड़ने पर मजबूर कर दिया। सामूहिक सतनाम कीर्तन करती हुई गुरु रविदासजी की शिष्या मीरा, कुछ काल तक द्वारिका के रणछोड़ मंदिर में रहकर मोहन माधव श्रीकृष्ण भगवान् की छवि में समा गईं।

प्रत्येक व्यक्ति अपने जीवन में किसी नायक की खोज में रहता है, जिसे वह पूज सके और उसका आश्रय ले सके। पूजने का अर्थ है कि उसकी छवि को मन में पूरी तरह से बसा लेना और नित्य अपने आदर्श नायक के पद चिह्नों पर चलने का प्रयत्न करना, परंतु उस नायक की परख करने के लिए जिन गुणों को हम अपने मापदंडों पर रखते हैं, उन पर हमें ध्यान देना चाहिए। कुछ लोग बाहरी सुंदरता को

प्रधानता देते हैं, भले ही वह अंदर से कितना भी कुरूप क्यों न हो तो कुछ लोग धनाढ्य लोगों को प्रधानता देते हैं भले ही वह हृदय से पूर्णतया निर्धन हो। अतः सौंदर्यवान, ईर्ष्यारहित, अति साहसी, असाधारण चरित्र का धनी, प्रबल उत्साही, सबके कल्याण के इच्छुक, बुद्धिमान, किसी संदेह से परे सक्षम और मनोरम थे संत शिरोमणि बोधिसत्त्व स्वामी सद्गुरु रविदासजी महाराज।

गंगा को हिमालय से चलकर समुद्र तक जाना हुआ तो कहीं भी कोई बना-बनाया रास्ता उपलब्ध नहीं था। हिमालय से समुद्र तक जाने के लिए उसे स्वयं रास्ता बनाना पड़ा। उबड़-खाबड़ पंथ से गुजरते हुए पहाड़ियों को काटती खाइयों को पाटती तथा अखंड चट्टानों को भेदती हुई दुर्गम से दुर्गम राह को सुगम बनाकर समुद्र में जा मिली। उसी तरह धरती पर पैर रखते ही मनुष्य की जीवन यात्रा शुरू हो जाती है। राह में आई अनेक विघ्न-बाधाओं से संघर्ष करते हुए उन्नति के पंथ पर उसे आगे बढ़ना होता है। पशुवत् जीवन से ऊपर उठ, आध्यात्मिक आदर्श द्वारा मानवता की रक्षा करता हुआ उदारीकरण की नीति पर प्रकृति प्रदत्त समरसता को बरकरार रखता हुआ, पुरुषार्थ को प्राप्त करता हुआ, उन्नति के ऊँचे पायदान पर पहुँचता है। छल-कपट, ईर्ष्या-द्वेष आदि आडंबरों से रहित, उसके जीवन-चरित्र को अपना आदर्श बनाकर, उसके पदचिह्नों पर चलना स्वीकार करता है। उस प्रतीकात्मक आदर्श का पूजन कर उसमें भगवान् का स्वरूप निहारता है।

प्रेम-दया, अंहिसा-शांति, सद्भावना-उदारता, मानवता एवं धर्म के, चाहे जो भी और जितने भी रूप हों, स्वामी गुरु रविदासजी ने श्री सतनाम साहिबजी में संदेश उपदेश दिए हैं कि हे मानव! तेरे जीवन के जैविक स्तर पर अच्युतानंद अखिलेश्वर (प्रकृति) की अजय अनुकंपा से समय के दौर से गुरजता हुआ इस अंबराच्छादित वसुंधरा पर स्नेह, प्रेम की बीज उगाओ। आक्रोश और प्रहार उपेक्षित रहेगा। श्रद्धारूपी पौधे से उगे डाल और पात, दया एवं अंहिसा की निशानी हैं, जो क्रूरता और पशुता से बचाते हैं। तना उत्थान आधार है, धर्म की रक्षा करता है। शांति सुंदर फूल है। कोमल सद्भावना और उदारता का मीठा फल है। मानवता उक्त वृक्ष की छाया है।

हे मानव! प्रेम, दया, अंहिसा, शांति, सद्भावना, उदारता, मानवता एवं धर्म से सन्निहित छाया में बैठकर सृजन की प्रक्रिया स्वयं से शुरू करनी होगी। यह मानकर चलना होगा कि ध्वंस और सृजन की प्रक्रिया कभी एकांकी नहीं होती,

दोनों सृष्टि की जुड़वाँ प्रक्रिएँ हैं। हमें ध्वंस के इन्हीं खँडहरों में सृजन की पगडंडी तलाशनी है। वह इन्हीं में छुपी होती है। प्रेम और श्रद्धा का दूसरा नाम है भक्ति अर्थात् स्वामी गुरु रविदासजी की प्रेमा भक्ति ज्ञान यज्ञ की सफलता ही मानव कल्याण क़ी नींव है। आनेवाली पीढ़ियों के लिए देवता के रूप में याद करने की।

समरसता के धरातल पर आदि मानव धर्म के संरक्षक कवष ऐलूष, महिदास ऐतरेय, सत्यकाम जाबाल आदि महापुरुषों का आविर्भाव हुआ। सामूहिकता में एकता स्थापित कर अनेक कल्याणप्रद सिद्ध कार्य किए। इस छोटी सी पुस्तिका के लेखन के क्रम में अनेक विद्वानों के शोध-ग्रंथों से सहायता मिली है। अनेक सुधी गुरुजनों के साथ विचारों का आदान-प्रदान हुआ है। उन सबके प्रति आभार व्यक्त करते हुए सूर्य के समान प्रदीप्त, पथ-प्रकाशक, समाज सुधारक, मूर्धन्य विद्वान् आचार्य किशोर कुणालजी गागर में सागर सदृश स्नेहिल महापंडित भवनाथ झा, श्री सुरेश चंद्र मिश्र, पूज्य फलहारी बाबा, श्रीमती सुनयना कुमार तथा दिनकरजी (श्री महावीर मंदिर, पटना जं.) श्री जल्ला महावीर मंदिर, पटना सिटी, पटना के समस्त परिवार का हृदय से आभारी हूँ।

महंत श्री भगवान् दास, अखिल भारतीय राष्ट्रीय संत रविदास आखाड़ा, अवंतिकापुरी, उज्जैन; महंत भरतभूषण दास, सिरगोवर्धनपुर, काशी; महंत भगवान् दास, मोहन बाजार, धनबाद; महंत महेश दास, रामतरी बिहटा; महंत रामरतन दास, मनोहरपुर, पुनपुन; महंत सुरेंद्र राम (पूर्व राज्यमंत्री), सीतामढ़ी; महंत मिश्री बाबा, बसंता जहानाबाद, लालगंज आदि का भी स्नेह मेरे लिए पाथेय बना। सामाजिक कार्यकर्ता एवं जुझारू नेता श्री राम केशी प्रसाद भारती, मोहनियाँ, डॉ. हरदेव राम, शिवसागर, माननीय शिव चंद्रराम रविदास चेतना मंच के राष्ट्रीय अध्यक्ष तथा कला, संस्कृति एवं युवा विभाग, बिहार सरकार, माननीय विधायक डॉ. अशोक कुमार, रोसड़ा, श्री निवास दास, संत रविदास आश्रम बेली रोड, पटना, साध्वी पार्वती देवी, श्री हंस आश्रम, ग्राम-महरो, पो. पिपरिया-वाया-दुर्गावती, जिला-कैमूर का हृदय से आभारी हूँ।

विभिन्न गुरुधामों में आरती के बाद गुरु स्तवन किया जाता है। गुरु रविदास मंदिर में भी पूर्वोक्त पारिपाटी के अनुसार समवेत स्वर में स्तुति की जाती है, जिससे जगद्गुरु संत शिरोमणि स्वामी गुरु रविदासजी का अहैतुकी कृपा प्रसाद मिलता है; परमानंद की प्राप्ति होती है। परमपूज्य प्रातः स्मरणीय पिताश्री 'संतप्रवर

शोभनाथ दास हंसजी' की साधना में यह संध्या संस्कार विधि, भजन, सहज-सरल संगीतमय रहा। यहाँ पुरातन वैदिक गीतों, आधुनिक लोकगीतों, भजन-कीर्तन, पूजन-अर्चन, समवेत स्वर स्तुति तथा चालीसा आरती आदि का प्रेरणादायक सुबोध शब्दों में रचनाकर सर्वसुलभ बनाने का प्रयास किया गया है। मुझे विश्वास है कि हमारे सभी पाठक इस संकलन में खामियों को नजरअंदाज कर इसकी अच्छाइयों को हृदयंगम करेंगे।

—घनश्याम दास हंस
न्यास पर्षद् प्रतिनिधि सहअर्चक
श्री जल्ला महावीर मंदिर,
बाहरी बेगमपुर, पटना सिटी, पटना

मंगलाचरण

वन्दे देवी जगन्माता ममतामयी निरंजनी।
रविदास गुरु प्राणाधि सर्वमंगलविग्रहे॥
प्रेमाशक्तियुता देवी सौभाग्यदायिनी सदा।
ज्ञानभक्तिप्रदे शुभ्रे भगवती लोना नम्स्तुते॥
वन्दे गुरुवरपादपंकजं निर्गुणसगुणसाकाररूपम्।
सानंदं सुन्दरं शुद्धं संतशिरोमणि रविदासम्॥
सर्वं राममयं पश्यंतं सतनाम सदा प्रजपंतम्।
सद्भक्तिपथ समुपदिशन्तं रामानंन्दं प्रतिसुखयन्तम्॥

वरदो भव में राज गुरु, वरदो भक्त वत्सल।
परिपूर्ण परमानंद नमो रविदासाय वेधसे॥
त्वं देवी जगतां मातामममतामयी, निर्गुणनिरंजनी माया सतनामी॥
गुरुरविदासप्राणाधिदेवी च, गुरुरविदासप्राणाधिका शुभा॥
गुरुरविदासप्रेममयी शक्तिः गुरुरविदास सौभाग्यरूपिणी।
सद्गुरु रविदास भक्तिप्रदे भगवती लोन्यै नमस्ते मंगलप्रदे॥

हे विभूति मेरे, जग ज्योति सरे, हे बिहारी! तेरे चरणों के हम हैं पुजारी।
वरणेश्वर गुरु रविदास प्रभा, कवष महिदास समरसता सभा।
वैदिक स्रष्टा तु ही युग द्रष्टा तुही, हे लीलाधरी! तेरे चरणों के हम हैं पुजारी।
दादा गुरु हरिदास उजियारा, कर्मा रघु के रविदास प्यारा।
जन्मे काशी नगर जिनकी कृति अमर, हे ब्रह्मचारी! तेरे चरणों के हम हैं पुजारी।

द्वेष घृणा नफरत डाले डेरा, तभी आए लेकर नया सबेरा।
त्राणकर्ता तु ही, मुक्तिदाता तु ही, हे वनवारी! तेरे चरणों के हम हैं पुजारी।
धन्ना त्रिलोचन कबीर पुकारा, मीरा नानक सुधा हि रनी उबारा।
रहे गद्दीनसीन दियो मुक्ति प्रवीण, हे मनुहारी! तेरे चरणों के हम हैं पुजारी॥
शौर्य सुषमा की सुरभित छटा है, तेरी प्रतिभा की छायी घटा है॥
खुश हो अहले चमन, दीनतो का नमन, पुज्येहारी! तेरे चरणों के हम हैं पुजारी॥

हे सबके स्वामी अंतर्यामी, आत्म ज्योति प्रकाश हे।
हे ब्रह्मज्ञानी, शत-शतवार नमामि, सद्गुरु रविदास हे॥ 1॥
हे दीनानाथ, मोहि करो सनाथ, है तेरे चरणन की आस हे।
हे दीन हितकारी, लिन्ह अवतारी सद्गुरु रविदास हे॥ 2॥
हे सत्य रूपम् ज्योति अनुपम, हृदय पटल करो बास हे।
हे मम उर आओ ज्योति जगाओ, सद्गुरु रविदास हे॥ 3॥
हे समदर्शी भक्त हिय हर्षी, सत्-चित्-आनंद रास हे।
हे जगनायक विश्व विनायक, सद्गुरु रविदास हे॥ 4॥
हे दुःख भंजन जन-मन-रंजन, तू जगजीवन के साँस हे।
हे ज्ञानपुंज चँवरवंश कुंज, काटो हंस भव फास हे॥ 5॥

□

खुद पर विश्वास रखिए, सफल होंगे

1

गुरु रविदास पूजन-अर्चन

(अनंतश्रीविभूषित स्वामी रामानंदाचार्य परंपरा)

स्नानादि से निवृत्त हो शुद्ध वस्त्रादि धारण कर पूजा सामाग्री को यथा स्थान व्यवस्थित करके शांत चित से आसन पर पूर्वाभिमुख बैठे।

कर्म पात्र में गंगाजल, तुलसी, कुशा, फूल, चंदन इत्यादि डालकर दाहिने हाथ से लोटा को झांपै—अस्मिन कर्मपात्र गंगादिसर्व तीर्थानावाहयामि।

दाहिने हाथ में जल लेकर भगवान का स्मरण करते हुए उस पवित्र जल को अपने शरीर पर छीटें। अक्षत जल लेकर परब्रह्म के आवाहनोपरांत उसे अपने आसन के नीचे रखे। दाहिनी हाथ की अनामिका अँगूली में स्वर्ण या कूश की अँगूठी पहने। अपने ललाट में चंदन लगावे, अक्षत साटे। जल, चंदन, दूबी, सुपारी, द्रव्य से युक्त तथा पंच पल्लव रक्षा सूत्र से अलंकृत कलश रखे और पूजा वेदी से अग्निकोण में अक्षत-चंदन फूल रख दीप जलाए। संकल्पोपरांत दाहिने हाथ में पूजन सामाग्री रख, मुट्ठी, बाँध सिर से घुमाकर सामने रखे तथा अपने इष्टदेव का ध्यान करें—

ध्यान—

वन्दे गुरुरविदास प्रिये, नमस्तुभ्यं जगदव्रते।
आर्तहंत्रि नमस्तुभ्यं, समृद्धं कुरु में सदा।
नमो नमस्ते जगदम्बे, ज्ञानाश्रमजनपूजिते।
सिद्धशक्तिप्रदे देवि, भगवती लोना नमोऽस्तुते॥
वंन्दे गुरुरविदासाय, वन्दे संतशिरोमणे।
सच्चिदानन्दरूपाय, ब्रह्मज्ञानप्रदे नमः।

जगद्‌बंधु नमस्तुभ्यं, श्वेताम्बरं पीताम्बरम्।
लोनावल्लभसद्‌गुरवे रविदासाय नमो नमः॥

अक्षत, चंदन, फूल—

सर्वोपचारार्थे गन्धाक्षत पुष्पाणि समर्पयामि
माँ भगवतीलोना सहिताय गुरु रविदासाय नमः

दूबी-सिंदूर—

सिंदूराभरण दूर्वाङ्कुरान समर्पयामि
माँ भगवती लोना सहिताय गुरु रविदासाय नमः।

धूप-दीप—

धूपं आघ्रापयामि, दीपं दर्शयामि
माँ भगवती लोना सहिताय गुरु रविदासय नमः।

नैवेद्य—

यथाभाग नैवेद्यं निवेदयामि (नैवेद्य निवेदित करें)
माँ भगवती लोना सहिताय गुरु रविदासाय नमः।
नैवेद्यांते आचमनीयं जलं समर्पयामि (जल समर्पित करें)
माँ भगवती लोना सहिताय गुरुरविदासाय नमः।

पान—

मुखशुद्धयर्थं ताम्बूल पुंगीफलं समर्पयामि।
माँ भगवती लोना सहिताय गुरु रविदासाय नमः।

आरती—

निराजन ॐ भूर्भुवः स्वः
माँ भगवती लोना सहिताय गुरु रविदासाय नमः
प्रार्थना पूर्वक नमस्करोमि।

वन्दऊं ब्राह्मवादिनी कलषीकर्मा, शरण गहु तुम्हारी।
भगवती लोना वर रविदास बाबा,रखना लाज हमारी॥
आध्यात्मिकवाद प्रस्फूटित प्रकाश, आत्मानुभाव निहारी।
सहि उपहास घनश्याम दास, तेरो चरणन जीवनहारी॥

तूँ सर्वेश सकल सुख दाता शुद्धस्वरूप विधाता है।
उसके कष्ट नष्ट हो जाते शरण जो तेरी आता है।
सारे दुर्गुण दुर्व्यसनों से हमको नाथ बचा लीजै।
मंगलमय गुण कर्म पदारथ प्रेमसिंधु हमको दीजै॥

तू ही स्वयं प्रकाश सुचेतन, सुखस्वरूप सुख दाता है।
सूर्य चंद्र लोकादिक को तू रचता और टिकाता है।
पहले था अब भी तू ही है, घट-घट में व्यापक स्वामी।
योगभक्ति तप द्वारा तुझको, पावें हम अंतर्यामी॥

तू ही आत्मज्ञान बलदाता, सुयश विज्ञजन गाते हैं।
तेरी चरण-शरण में आकर, भवसागर तर जाते हैं।
तुझको ही जपना जीवन है, मरण तुझे बिसराने में॥
मेरी सारी शक्ति लगे प्रभु, तुझसे लगन लगाने में।

तू ने अपनी अनुपम माया से जग-ज्योति जगाई है।
मनुज और पशुओं को रचकर, निज महिमा प्रकटाई है।
अपने हिय सिंहासन पर, श्रद्धा से तुझे बिठाते हैं॥
भक्ति भाव से भेंटें लेकर, शरण तुम्हारी आते हैं।

तारे रविचंद्रादिक रचकर, निज प्रकाश चमकाया है।
धारणी को धारण कर तूने, कौशल अलख जगाया है।
तू ही विश्वविधाता पोषक तेरा ही हम ध्यान धरें॥
शुद्धभाव से भगवन् तेरे, भजनामृत का पान करें।

तुझसे बड़ा न कोई जग में सबमें तू ही समाया है।
जड़-चेतन सब तेरी रचना, तुझमें आश्रय पाया है।
हे सर्वोपरि विभो, विश्व का तूने साज सजाया है।
धन-दौलत भरपूर दीजिए, यही भक्त को भाया है॥

तू गुरु है, प्रजेश भी तू है, पाप-पुण्य फलदाता है।
तू ही सखा बंधु मम तू ही, तुझसे ही सब नाता है।
भक्तों को इस भवबंधन से, तू ही मुक्त कराता है।
तू है अज, अद्वैत महाप्रभु, सर्वकाल का ज्ञाता है॥

तू है स्वयं प्रकाश रूप प्रभु सबका सिरजनहार तू ही।
रसना निश-दिन रटे तुम्हीं को मन में बसना सदा तू ही।
कुटिल पाप से हमें बचाते, रहना हरदम दयानिधान।
अपने भक्त-जनों को भगवन्, दीजै यही विशद वरदान॥

□

2

गुरु रविदासजी की आरती

(1)

आरति गुरु रविदास लला की। अलख निरंजन प्रेम कला की॥
अजर अमर अडोल अभेषा। निर्गुण रहित रूप नहीं रेषा॥
सोऽहं गुरु उपदेश बंदा। चेतन सत् चित परमानंदा॥
तोहि मोहि कुछ अंतर नाही। सकल भरमना छुटा क्षण माही॥
कर्म वसा नाम बत्ती अखंडा। जले जग ज्योति छवि ब्रह्मंडा॥
सकल सिद्धि मुद-मुंगल दाता। विद्या वारिधि बुद्धि विधाता॥
महा सम्मेलन मिटाई पिपासा। भक्ति आंदोलन गुरु रविदासा॥
समता लंगर सबै छकावा। ऊँच-नीच जाति-भेद मिटावा॥
भगवती लोना वर रविदासा। मानवता सम्मान परकासा॥
मोही जानिए निज पग दासा। ज्ञान भक्ति यश देहु सुवासा॥
बार अनेक धियान लगावा। सद्गुरु दर्शन सम्मुख पावा॥
कबीर धन्ना नानक समेता। 'हंस' हिय बसु कृपानिकेता॥
जो यह पाठ करै मन लाई। तेहि भगवती लोना सहाई॥
कंचन थार कपूर लौ छाई। आरती करहि करमा माई॥
जो रविदासजी की आरती गावै। बसि सतलोक अमरपद पावै॥

(2)

शांति कीजिए प्रभु त्रिभुवन में
जल में, थल में और गगन में, अंतरिक्ष में, अग्नि पवन में।
औषधि वनस्पति, वन उपवन में, सकल विश्व के जड़-चेतन में॥
शांति राष्ट्र-निर्माण सृजन में नगर ग्राम में और भवन में।
जीवन मात्र के तन में मन में और जगती के हो कण-कण में॥

(3)

आरती करूँ रविदास की, जय सद्‌गुरु रविदास की,
जय जगद्‌गुरु रविदास की।
आनंद कन्द सच्चिदानंद की, निर्गुण ब्रह्म प्रकाश की,
जय सगुण रूप रविदास की॥ टेक॥
वन्दौं कवष ऐलुष महिदासा, गुरु चॅवर चामुंड हरिदासा।
कर्मवीर चेता अभिलाषा, जय आदि पुरुष प्रकाश की॥ जय.॥
जय संतोषरघु कलसीकरमा, माघ पुनिमा बाँटही चुरमा।
प्रकट होय राखि निज धरमा, जय चॅवरवंश अविनाश की॥ जय.॥
संग लिये सुलोचनी वामा, जाय जपै सोऽहं सतनामा।
सीर गोवर्धन पुरी धामा, जय सुरती स्नेह सदज्ञान की॥ जय.॥
गुरुकुल कक्षा श्रेणी शोधा, वैश्य क्षत्री ब्राह्मण बोधा।
वैदिक प्रबल समता योद्धा, जय विघ्नहरण सुवास की॥ जय.॥
कमाल कमाली टेकी माथा, नानक कबीर गोरखनाथा।
करी यश गान भयो सनाथा, जय परमारथी अरदास की॥ जय.॥
जाति अनुसार पंगत खुलासा, पतल-पतल जेवनार सुबासा।
प्रकटी बीच-बीच रविदासा, जनगण मन अभिलाष की॥ ज.॥
'हंस' मीरा के फंद नाशा, मंगलमय ध्वनि करतु अकाशा।
जय जय जय सद्‌गुरु रविदासा, तरणहार अविनाश की॥ ज.॥

(4)

आरती सतनाम बिहारी की, गुरु रविदास निरंकारी की। टेक।
गुरु आसन पर प्रकट बिराजै, कनक काया काशी साजै।
शोभा निरखी दास मन राजै, समरसता मनोहारी की॥
सकल समाज राष्ट्र दुलारे, सिद्ध संतों में शिरोमणि प्यारे।
जगद्गुरु रविदास हमारे, सच्चिदानंद अवतारी की॥
मिटाई दोष सचखंड नीरा, हरी हिरनी की सकल पीरा।
जीवन दान दीन्हौं मीरा, जय जय सद्गुरु हितकारी की॥
पाखंडी भव जाल उपारे, बड़े-बड़े योद्धा पंडित हारे।
सतनाम ध्यान ज्ञान पसारे, जय भक्ति आंदोलनधारी की॥
भगवती लोना लंगर खोलै, अजपा जाप सोऽहं घोलै।
साधु संत सतनाम बोलै, जय गुरुवर आचारी की॥
ज्ञानाश्रय सोऽहं ललामा, सिर गोवर्धनपुरी धामा।
हंस गुरु रविदास सतनामा, करुणाकर पालनहारी की॥

(5)

ॐ संध्या आरती गुरुकर सेवा। खोल कपाट मिले गुरु देवा।
ईड़ा पिंगला सुषमन नाड़ी, दर्शें सति गुरु खोल किवाड़ी॥
खुल गया सुषमन कुंजी ताला, बंकनाल में किया उजाला।
गगन मंडल जहाँ आरती साजै, सोऽहं हंस नितानित जागे॥
अनहद शब्द धुन बाजे न्यारा, सतनाम सोऽहं करतारा॥
सत चित परम आनंदा, भया प्रकाश सूर्य चंदा।
ओम सोऽहं शब्द कीनो प्रकाशा, आरती गावै गुरु रविदासा॥

(6)

नामु तेरो आरती मजनु मुरारे।
हरि के नाम बिनु झूठे सगल पसारे॥
नामु तेरो आसनो नामु तेरो उरसा नामु तेरा केसरो ले छिटकारे।
नामु तेरो अंभुला नामु तेरो चंदनो घसि जपे नामु ले तुझहि कउ चारे॥

नामु तेरो दिवा नामु तेरो बाती, नामु तेरो तुलु ले महि पसारे।
नाम तेरे की ज्योति लगाई भइओ उजिआरो भवन सगलारे॥
नामु तेरो तागा नामु फूल माला, भार अट्ठारह सगल जूठारे।
तेरो की आ तुमहि किया अखंड नामु तेरा तुही चॅवर ढोलारे॥
दस अठा अठ सठे चारो खाणा इहै वरतणि है सगल पसारे।
कहे रविदास नामु तेरो आरती सतिनामु है हरि भोग तुम्हारे॥

□

आज के आधुनिक दौर में सार्बजनिक धार्मिक, मठ-मंदिरों के मुख्य्र अर्चक को जातिय रंग देना शर्मनाक ही नहीं, देश का कलंक है। ''मिटाया जाए।

3

समर्थ गुरु रविदास चालीसा

वन्दऊँ गुरु पद पंकज, आदि पुरुष अविनाश।
महिमा गुरु रविदास रचि, चारों फल प्रकाश॥
पुत्र जानि क्षमा करो, समर्थ गुरु रविदास।
स्वामी देऊँ भक्तिपद, करि मन मंदिर बास॥

वन्दौ वरणेश्वर रविदासा। आदि गुरुकवष पुरुष महिदासा॥
चामूंड चॅवर चेता धामा। मातु पिता गुरु करु परनामा॥
कलसी सुकर्म से कर्मा माई। रघु संतोष सतराहि कहाई॥
अखंड दीप जले चहुँ मासा। ज्योतिपुंज शीतल प्रकासा॥
माघ मास की पूर्णमासी। भक्तन्ह हीत प्रकटे काशी॥
रवि दिन रवि सु प्रकाश पायो। रवि प्रभा रविदास कहायो॥
दें संस्कार हरीहि झमेला। बालेपन रचि अद्‌भुत खेला॥
गुरु स्यंदनजी ज्ञानी दाता। अमरत्व खोजी रवि जी आता।
सुमनहार वैरागी पायो। लोना वर रविदास पुजायो॥
जाय जपै सोऽहं सतनामा। सीर गोवर्धन पुरी धामा॥
गुरुमुखी भाषा सत परकासा। जय जय जय श्री गुरु रविदासा॥
चरणामृत संतन मरयादा। आशीर्वादी दे परसादा॥
विप्र तुनक निज धर्म बचाता। अरे निच उपदेश सुनाता॥
ऊँच-निच करवावही बोधा। गुरु रविदास तब जाति शोधा॥
तीनों वर्ण है कक्षा श्रेणी। अतीत समता बहती त्रिवेणी॥
वर्णाश्रम गुरुकुल शिक्षा नीती। ताहि जाति बना न करो अनिति॥

गुरु रविदास बात नहीं माना। जाय दरबार चुगली ठाना॥
गुरु थाहन आए अभिमानी। डुबे काठ शील उतिरानी॥
संत शिरोमणि रविदास सानी। भक्ति शक्ति शास्त्रार्थ बखानी॥
लेने भीख दया की आई। जीवन दान सुधा सुत पाई॥
पशु की भी जमानत लीन्हा। व्याध को उपदेश दीन्हा॥
कमाल कमाली शरण आए। दे दीक्षा निज शिष्य बनाए॥
साधनमां रविदास लखाई। गुरु कबीर झाली पहुँचाई॥
चरण पड़ी जा शरण मनाई। दीक्षा देहु चेली बनाई॥
सच समता सत राही कीन्हा। दया लागी गुरु मंत्र दीन्हा॥
चितौड़ यज्ञ द्विज डालि फंदा। जाति अनुसार बैठही बंदा॥
पतल-पतल जवनार सुबासा। प्रकटी बीच-बीच रविदासा॥
जूठि पतरी दंभी द्वीज खाए। अद्भुत शक्ति देखी लजाए॥
गंगा आशीर्वादी पाया। चुराय कंगन गला फँसाया॥
क्षमा माँगिहि द्विज सुरेशा। गुरु रविदास दी उपदेशा॥
मन चंगा तऽ कठारी गंगा। ज्ञानाश्रम दी मठि सत्संगा॥
मान बढ़ा शिव शक्ति दिखाए। पारस पत्थर नहीं अपनाए॥
सदना नानक गोरखनाथा। करी जसगान भयो सनाथा॥
शाह सिकंदर ज्ञान जगायो। बंदी छोर गुरु आप कहायो॥
मीरा को सतपंथ लखायो। बिष प्याला गुरु अमिय बनायो॥
जय जय गुरु रविदास पुकारा। शालीग्राम ली सर्प पिटारा॥
हृदय चिर जनेऊ दिखाए। कंचन के सप्ततार गिनाए॥
गुरु पगरज को ध्यान लगावै। सकल मनोरथ पुरण पावै॥
नमो नमो पतितन के स्वामी। पावन करते अंतर्यामी॥
मंगलमय ध्वनि करतु आकाशा। जय जय जय सद्गुरु रविदासा॥

समरथ गुरु रविदास की, महिमा अति अगाध।
चालीसा संध्या पाठ से, कटे कोटि अपराध॥
एक झलक की लालसा, रखि तन मन को साध।
पावन गंगा तट सुखद, बाबा हंस आराध॥

□

4

प्रातःकालीन स्तुति

(1)

प्रकट भये स्वामी रवि अंतर्यामी, कलशी करमा महतारी।
हरसही काशी ज्ञानाश्रम बासी, रघु राहु संतोष सवारी॥
रवि कोटि विभा शशी शीतल प्रभा, माघ पूर्णिमा अवतारी।
शांति अलबेला अरुणाचल मेला, ज्ञान ज्योति दीवारी॥
लट घुघुराला नयन विशाला, शोभा सिंधु बिहारी।
बोधिसत्व सुजाना अति सुख माना, अद्‌भुत रूप निहारी॥
योगी व्रतधारी बाल ब्रह्मचारी, ज्ञानी प्रेमा-भक्ति अधिकारी।
गुंजै जयकारी, स्वामी बलिहारी, करे आरती आचारी॥
वरद हस्त गहाई शिशु लीला दिखाई, भेद लखा नहीं कोई।
चँवर वंश नायक जनसुखदायक, परमारथी सेवारत होई॥
आडंबर आलिख ऊँच-नीच कालिख, सब समरसता पथ खोई।
सब घट बासी जय अविनाशी, प्रकट भयऊ आज सोई॥
कह दुहु करजोरी गुरु स्तुति तोरी, केही विधि करो स्वामी।
सब जग जूठा नहीं अनूठा, आप हो अंतर्यामी॥
विश्व के भूपा शक्ति अनूपा, सत-सत बार प्रणामी।
श्रद्धा सुमन चढ़ाई हंस आश पुजाई, प्रेमनी प्रेम सतनामी॥

(2)

पुरोहित श्रेष्ठ दासीपुत्र ज्येष्ठ कवष ऐलूष प्रतिभाषा।
समरसता रूपा ऋग्वेद अनूपा, इतरा सुत महिदासा।
करुणामृत सागर सर्व गुन आगर, चॅवर चमु अभिलाषा।
वन्दौं वरदायक सचखंड विनायक, वरणेश्वर रविदासा॥
प्रकृति शोधक मृत्तिकामोदक, बालेपन लंगर खासा।
सप्त दिवस तपे सतनाम जपे, भक्तिव्यापी स्वासा
संस्कृति अनुभूति विमल विभूति, लोना लंगर परकासा।
वन्दौं वरदायक सचखंड विनायक, वरणेश्वर गुरु रविदासा॥
सतनाम रंजन निगुण निरंजन, निश्छल निराकार आकासा।
ब्रह्म की मोति, राजै दिव्यज्योति, परमानंद अखिल परकासा।
हरि ओम् राम साहिब सतनाम, संदेशा गुरु ग्रंथ उजासा।
वन्दौं वरदायक सचखंड विनायक, वरणेश्वर गुरु रविदासा।
प्रेमा-भक्ति जगाता, सतपंथ दिखाता, शास्त्रार्थ हरि अनेक तमाशा।
अस्पृश्य मिटाई समरसता दिखाई, मानवता परमारथी गासा।
सही उपहास घनश्याम दास, हंस गुरुवर अरदासा।
वन्दौं वरदायक सचखंड विनायक, वरणेश्वर गुरु रविदासा।

★ शक्ति स्वरूपा माँ भगवती लोनाजी, जगद्‌गुरु स्वामी रविदासजी महाराज! आप सभी संतों, सभी गुरुओं, सभी सद्-पंथी आखाड़ों तथा सभी माताओं का शरणागत हूँ; यदि जाने-अनजाने में, आपकी कथा, कीर्तन, भजन आदि में भूल-चूक हो जाए तो अबोध बालक समझ मुझे माफ कर भक्तों के कार्य को सँवारना, जो बोले सो निर्भय, सोऽहं, सतनाम, साहेब गुरु रविदास प्रणाम।

★ सोऽहं सरकार धन-धन निरंकार स्वामी सद्‌गुरु रविदासजी आपको कोटि-कोटि नमस्कार करो स्वीकार, मेरी सुनो अरदासजी॥ हे अखिल विश्व के रक्षक स्वामी, ज्योतिस्वरूप करतारजी। आया हूँ हार आज तेरे शरण में, लाज रखना हंस के भरतार जी॥ सब तीर्थों का ध्यान धर बोलना जी सोऽहं सतनाम, साहेब गुरु रविदास प्रणाम।

★ सब ऋषियों, मुनियों तपस्वियों, उदासिया सन्यासिया, निर्वाणिया, दुधाधारिया, वैरागिया, बाबा प्रेमदास जस्सल जी, स्वामी शोभनाथ दास हंसजी आदि की कमाई का ध्यान घर कर बोलनाजी सोऽहं सतनाम, साहेब गुरु रविदास प्रणाम।

★ वंदो स्वामी गुरु रविदास, भोग लगा न करो निराश मीरा बाई की खिचड़ी धन्ना की लस्सी-रोटी खाए, शबरी के जूठी बेर बिदूर घर सुखा शाक पाए। भक्त सेवा की सुखी रोटी सुदामा को चावल भोग लगाए, नाम देव का दूध पीकर, धर्म संकट से सबै बचाए। हे स्वामी मेरे इस तुच्छ भोग भी ऐसी शक्ति प्रदान करना, जो भी खाए, सुख शांति पाए, पतित पावन दीन-बंधु का ध्यान धर कर बोलनाजी, सोऽहं सतनाम साहेब गुरु रविदास प्रणाम।

★ गुरु रविदास सोऽहं नाम चढ़ती कला, तेरे भाड़े सर्वत्रा भला, ॐ नमो सद्गुरु रविदासजी, तुम्हारे चरण कमल की आसजी, बोलना सोऽहं सतनाम, साहेब गुरु रविदास प्रणाम।

बोलो भगवती लोनावर गुरु रविदास जी महाराज की जय।

□

5

सायंकालीन स्तुति

(1) देवस्तुति

नमस्ते सते ते जगत्कारणाय, नमस्ते चिते सर्वलोकाश्रयाय।
नमोऽद्वैततत्त्वाय मुक्तिप्रदाय, नमो ब्रह्मणे व्यापिने शाश्वताय॥
त्वमेकं शरण्यं त्वमेकं वरेण्यं, त्वमेकं जगत्पालकं स्वप्रकाशम्।
त्वमेकं जगत्कर्तृपातृप्रहर्तु, त्वमेकं परं निश्चलं निर्विकल्पम्॥
भयानां भयं भीषणं भीषणानां, गतिः, प्राणिनां पावनं पावनानाम्।
महोच्चैः पदानां नियन्तृत्वमेकं, परेषां परं रक्षणं रक्षणानाम्॥
वयं त्वां स्मरामो वयं त्वां भजामो, वयं त्वां जगत्साक्षिरूपं नमामः।
सदेकं निधानं निरालं वमीशं, भवाम्भोधिपोतं शरण्यं व्रजामः॥
त्वमेव माता च पिता त्वमेव, त्वमेव बंधुश्च सखा त्वमेव।
त्वमेव विद्या द्रविणं त्वमेव त्वमेव सर्व मम देव देव॥

करचरणकृतं वाक्कायजं कर्मजं वा
श्रवणनयनजं वा मानसं वाऽपराधम्।
विदितमविदितं वा सर्वमेतत् क्षमस्व
जय जय करुणाब्धे श्रीमहादेव शम्भो॥

(2)

कवष महिदासा चेता हरिदासा, चामूंड आदिपुरुष हर्षाए।
रघुराज दुलारे चँवर वंश उजियारे, माँ कर्मा गोद फूल बर्षाए।
जीने का अधिकार दिलाकर प्यार, मानवता पाठ पढ़ाए बाबा।
वरणेश्वर वरदायक रविदास विनायक, गुरुवर संत शिरोमणि बाबा॥

मृतिका साधी मोदक आधी, बालेपन करी लंगर भारी।
सप्त दिवस महाना सतनाम पहिचाना, हर स्वासा में राम निहारी।
संस्कृति अनुभूति विमल विभूति, लोना भगवती कर थामी बाबा।
वरणेश्वर वरदायक रविदास विनायक, गुरुवर संत शिरोमणि बाबा॥

साधे तर्क धरी, शास्त्र फर्क हरी, ज्ञानिन को उपदेश दियो।
मन तऽ चंगा कठारी गंगा, जोड़ा लगा उबार लियो।
दु:ख हर लीन्हों, नव जीवन दीन्हों, सुधासुत व हिरनी को बाबा।
वरणेश्वर वरदायक रविदास विनायक, गुरुवर संत शिरोमणि बाबा॥

हारी हार उबा शालिग्राम डूबा, पंडे वर्ण गोत्र जाति भुलाई।
सावन मास विजयी रविदास, संत शिरोमणि सम्मान गहाई।
कनकपालिका बिठा कंधों पर उठा, घुमाई नगर काशी बाबा।
वरणेश्वर वरदायक रविदास विनायक, गुरुवर संत शिरोमणि बाबा॥

काशी वीर को सदना पीर को, उपदेशी शिष्य बनायो।
घाट के मोदी सिकंदर लोदी, गुरु चरनन शीश झुकायो।
समरसता समा चाँदनी प्रभा, शिक्षा-दीक्षा ज्योति जगाई बाबा।
वरणेश्वर वरदायक रविदास विनायक, गुरुवर संत शिरोमणि बाबा॥

चित्तौड़ जाई झलक दिखाई, रानी झाली को अंतर्यामी।
आध्यात्मिकवाद, मिटै जाति-विषाद, पतल-पतल रविदास स्वामी।
अनेको करि काज, चढि समता जहाज, जलनिधि पार उतारै बाबा।
वरणेश्वर वरदायक रविदास विनायक, गुरुवर संत शिरोमणि बाबा॥

नामदेव, धन्ना, त्रिलोचन, सैना, कमाल, कमाली, मीरा उपदेशा।
सत्य की साख नहीं होती राख, सर्वत्र गहायो समरसता संदेशा।
बड़ै बड़ै काज कियो सरताज, झिलमिल ज्योति जलाई बाबा।
वरणेश्वर वरदायक रविदास विनायक, गुरुवर संत शिरोमणि बाबा॥

चाँदनी चकोर दशो नेह जोर, सुनो एक विनती मोही उबारो।
मेरी ललक यही एक झलक सही, लोकमंगल काज सुधारो।
सही उपहास घनश्याम दास, 'हंस' नमन स्वीकारो बाबा।
वरणेश्वर वरदायक रविदास विनायक, गुरुवर संत शिरोमणि बाबा॥

(3)

वंदऊ ब्रह्मवादिनी कलशीकर्मा, रखना लाज हमारी।
भगवती लोना वर रविदास बाबा, शरण गहूँ तुम्हारी॥ टेक॥

आवाहन पूजन विधि विधान और विसर्जन स्वामी।
तन्त्र मंत्र कुछ भी न आता, तुम जानत हो अंतर्यामी॥
चंचल चित्त को क्षमा करी बाबा, रखना लाज हमारी॥
भगवती लोना वर रविदास बाबा, शरण गहूँ तुम्हारी॥

क्या करूँ समर्पण चरणों में, साधन सुविधा समान नहीं।
धर्म मर्यादा चलाकर विश्व का, परमारथ सेवाविधान गही॥
कामनाये पूर्ण सब करि के बाबा, रखना लाज हमारी॥
भगवती लोना वर रविदास बाबा, शरण गहूँ तुम्हारी॥

अपराधों का कुछ अंत नहीं, भूलों पर भूलें करता हूँ।
पर तुमसे क्षमादान पाकर स्वामी, निर्भय निर्द्वंद विचरता हूँ॥
अचल खुशहाली उपहार देकर बाबा, रखना लाज हमारी॥
भगवती लोना वर रविदास बाबा, शरण गहूँ तुम्हारी॥

वरद हस्त रखो मेरे शिर पर, हे पूज्य देव गुरु पितु माता।
ज्योतिर्मय जीवन विहँसे हंस के, ऐसा दो शुभ वरदान विधाता॥
करो स्वीकार पूजा-आरती बाबा, रखना लाज हमारी॥
भगवती लोना वर रविदास बाबा, शरण गहूँ तुम्हारी॥

□

स्नातक प्रतिष्ठा प्रथम,
विधि श्रेणी सुखधाम ।
बिहार प्रान्त कैमूर,
महरो सुन्दर ग्राम ॥

घनश्याम दास हंस

स्वामी शोभनाथदास हंस, माताश्री कस्तूरबा गांधी, पुत्र—घनश्याम दास हंस,
पुत्रवधु—श्रीमती पार्वती देवी

संत घनश्याम दास हंस

संत घनश्याम दस हंस, साध्वी पार्वती देवी

माता-पिता का पूजन-आरती करते हुए घनश्याम दास हंस एवं श्रीमती पार्वती देवी

घनश्याम दास हंसजी को डॉ. अंबेडकर फेलोशिप पदक से सम्मानित करते हुए तत्कालीन राष्ट्रपति महामहिम श्री के.आर. नारायणन

श्रीराम, श्रीजल्ला हनुमान, श्रीशिव भगवान

श्रीजल्ला महावीर मंदिर, बाहरी बेगमपुर, पटना सिटी पटना-9

श्रीशंकराचार्य, श्रीमहावीर मंदिर पटना, आचार्य किशोर कुणाल

आचार्य किशोर कुणाल, मोहन भागवत, संत घनश्याम दास हंस

संत, श्रद्धालुओं की सेवा में संत घनश्याम दास हंस

मुख्य (गर्भगृह) मंड में सेवारत संत घनश्याम दास हंस

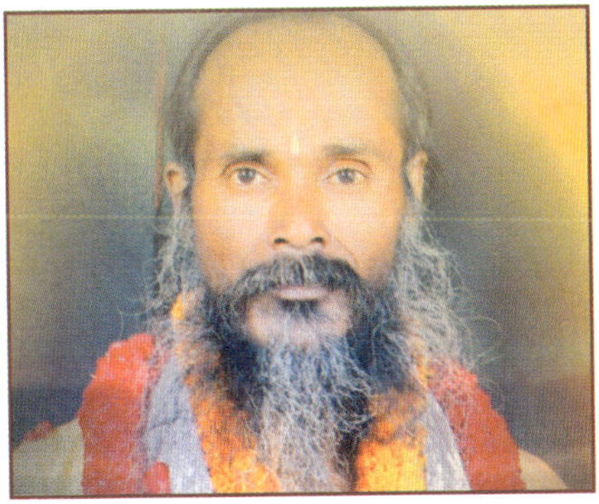

बिहार राज्य धार्मिक न्यास परिषद् प्रतिनिधि/मुख्य अर्चक संत घनश्याम दास हंस

गुरु रविदास प्रतिमा के अनावरण में श्री रमई राम, बालेश्वर राम, घनश्याम दास हंस, डॉ. अशोक कुमार

श्री नंदकिशोर यादव, शिवकुमार, रामेश्वर शाह अध्यक्ष, सचिव, संयोजक, श्रीमद् पंच खंड पीठाधीश्वर आचार्य श्री धर्मेंद्रजी महाराज, घनश्याम दास हंस

श्रीजल्ला महावीर मंदिर में पाँचों दरबारों की प्रतिमाओं का प्राण- प्रतिष्ठा समारोह में बाबा घनश्याम दास हंस

श्रीजल्ला महावीर मंदिर में बाल हनुमानजी की आदमकद प्रतिमा

माताश्री कस्तूरबा देवी

पिताश्री शोभनाथ दास हंस, श्री रामानंद सिंह, श्री सीताराम

श्री हरिद्वार दास, साध्वी पार्वती देवी, फलहारी, सीताराम महेंद्र राम, घनश्याम दास हंस

धन्ना रविदास त्रिलोचन कबीर सैना गुरुनानक

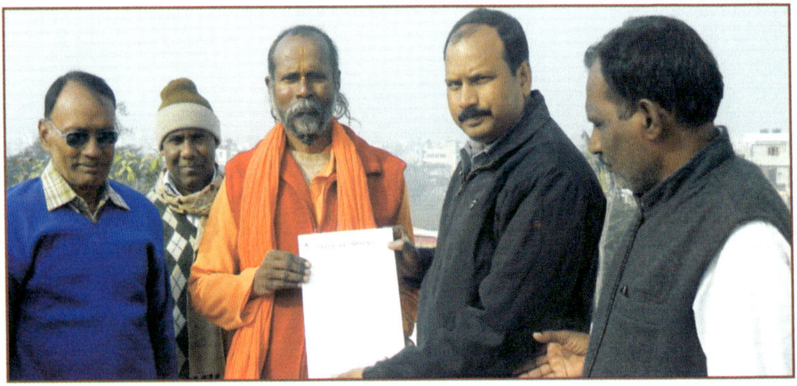

श्री हंस दिव्य ज्ञान यज्ञ में संत घनश्याम दास हंस जी

श्री निरंजन दास, श्री मंगल बाबा, श्री विजय शंकर फकीर

डॉ. अशोक कुमार अध्यक्ष संत रविदास आश्रम, बेलीरोड, पटना-1

6

समवेत स्वर स्तुति

(1)

वन्दउं ब्रह्मवादक, गुरु सुमिरो सतनाम।
संतन को नित दंडवत, कवि को करू प्रणाम॥
बुद्धजीवि बरगद छाँव, सुसंग बड़कपन पाय।
विनवत गुरु रविदास को, सबको शीश नवाय॥
हाथ जोर विनती करो, धरो चरण पर माथ।
मोहि अनाथ को दरस दे, कीजै नाथ सनाथ॥
गुरुवर तुम समरथ हो, मैं सब अवगुण खान॥
मोपर कृपा न छोड़िए, दास आपनो जान॥
चरणन की रज जानिए, सेवक आठो याम।
कर जोरे विनती करो, बार-बार प्रणाम॥
वह चितवन बोलनि हंसनि, मिलन परस्पर वैन।
वह करुणा वह श्री प्रभा, नहि विसरत दिन रैन॥
बहुत दिवस ते बिति हरि, लगे न चरण सरोज।
सुफल नैन अब कीजिए, रंगी रहत जेहि खोज॥
शिशु अज्ञान विचारि अब, दीजै झलग दिखाय।
गुरुवर मुरति लखन को, नैन रहे अकुलाय॥
मणि बिनु फणि है दीन जिमि, दीन मीन जिमि वारी।
तिमि दरसन दे हरहू दुःख, आपनि बानी निहारी॥

गुरु रविदास प्रीतम इक, प्रीतम मीत अनेक।
ससि के कुमुदनी है बहु, कुमुदनि के ससि एक॥
जगत् उद्धारक रवि, सृष्टि एक कर्तार।
सतनाम इक उपदेशी, श्री 'हंस' के भर्तार॥
सुरत साहिब एक डोर, सुसतनाम अनूभूति।
ब्रह्म शक्ति उगे घट, मिटै सकल भवभूति॥
राधे कृष्ण करीम हरि, राम रहीम खुदाय।
रविदास मोरे मन बसहि, कहु नहि खोजन जाय॥
ओंकार राम सतनाम, साहिब गुरु रविदास।
माँ भगवती लोना जी, परम ज्योति परगास॥
जहाँ अंध अमिट विश्वास, सत परख तहाँ नाहि।
रविदास सत सुई जानि है, जो अनुभव मन माहि॥
अंतर्मुखी जो नित करहि, सतनाम करि जाप।
गुरु रविदास हिय बसही, नष्ट होहि संताप॥
मुख में सोऽहं कर सुमिरनि, हिय रविदास ललाम।
अजपा-जाप जपत रहो, गुरु नाम सतनाम॥
बाभन तुरूक चंडाल महि, रविदास न अंतर जान।
सभ महि एक ही ज्योति है, सब घट एक समान॥
आदि अंत जिहकर नहीं, जिह कर नाम अनंत।
रविदास प्रीतम हंस के, दरस देहू भगवंत॥
केसर सब्जा बीच धवल, मध्य चक्र सतनाम।
गुरु नाम लेकर बंदे, कर ले सब शुभ काम॥
आरती जोति लसत ही, नसत शोक भय ताप।
स्वामी गुरु रविदास की, राखे प्रतिमा थाप॥
मेरा मुझमें कुछ नहीं, सबकुछ तेरा होय।
तेरा तुझको सौंप दे, क्या अचरज सब सोय॥
रोम-रोम रविदासमय, प्रेम भरे सब ठार।
सो सतनाम स्वरूप लखि, गूँज उठी जयकार॥
भगवती लोना प्राणपति, गुरु रविदास सुखधाम।

जेता भक्ति आंदोलन, साध सतनाम राम॥
सतनाम रतन धन मिले, श्री गुरु पग रज धार।
मातु पिता सेवहि चरण, पावे सुख भंडार॥
निर्गुण ब्रह्म जगा दियो, स्वामी गुरु रविदास।
भक्त जनों के काज कों, सफल करें अविनास॥
सगुण की सेवा करो, निर्गुण का गहि ज्ञान।
निर्गुण सगुण परिग हो, तहे हमारा ध्यान॥
उद्धार नहीं उन्मूलन, कर लो शुद्ध विचार।
साहस समता न्याय से, हरते कष्ट विकार॥
समरसता सद्भव गही, साध सतनाम राम॥
सोऽहं हंसः गुरु शरणं, धरम गहे सतनाम॥
स्वरूप ज्ञान सार दिए, दियो दरस रविदास।
ईश्वर अंश हैं सभी, सभी में प्रभु का वास॥
दलित रंक परिवार में, पद पाए महाराज।
पुरुषार्थी पुरुषोत्तम, विश्व क्षितिज सरताज॥
शोषण त्रास मुक्ति कियो, तिरस्कार मिटाय।
सुसम्मान करना सीखो, औरनि को मिलाय॥
ऊँचे पद आसिन रहे, श्री सद्गुरु रविदास।
ढेरों सारे काज का, संपन्न साक्षी इतिहास॥
साधनमा रविदास हैं, तन मन दियो कबीर।
शरण गहे पहुँचा दियो, कभी न होत अधीर॥
रक्षा कवच सतनाम है, रहा सिद्धांत अपेल।
सब बनिजिया करि थाका, 'हंस' न पाया मेल॥
गुरुवर मुरति लखन को, नैंन रहे अकुलाय।
चूक क्षमा करि हंस को, दीजै झलग दिखाय॥
देश मानवता समुदाय, सबके लिए समान।
प्यार प्रतिष्ठा सद्गुरु, 'हंस' सत्य प्रमान॥
बारि बरोबर बारि है, ता पर बहे बयारि।
रविदास पार लगैहैं, आपनि ओर निहारि॥

हर हरकत के मूल में, सच्चा सुकारण देख।
बिना कारण के जग में, पत्ता हिले नहि एक॥
मजहब संप्रदाय नहीं और न जाति द्वेष।
सो आध्यात्मिक विचार, हंस जी रखि विशेष॥
कहा कहऊँ छवि आज की, भले बने हो नाथ।
हंस मस्तक तब ही नवै, जब सुमिरिनि लो हाथ॥
श्री गुरु पद नख चंद्रमा, सेवक नयन चकोर।
आठ पहर निरखत रहे, गुरु चरननि की ओर॥
विनय भजन कीर्त्तन से, ब्रह्मानुभूति होति।
दुःख दारिद्र मिटै सभी, सत संगत की ज्योति॥
करो आस रविदास की, और न कोउ आस।
स्तुति मर्यादा हंस कथै, सतनामी हीत खास॥

(2)

वन्दौं पूरण ब्रह्म को, जिनसे रचा जहान।
सुरति डोर एक आत्मा हंस ज्योति परमान॥
सर्व शक्तिमान गुरुवर, पार न पावत महेश।
दया कीजिए दास पर, सब विधि हरो क्लेश॥
संत कभी सतधर्म का, करते नहीं हैं त्याग।
सम दृष्टि सबको लखै, सोई पूरण वैराग॥
सब सिद्धियो के दाता, स्वामी गुरु रविदास।
अंतःकरण 'हंस' शुद्ध करि, देहु अचल परकास॥
गुरु ज्ञान दीपक दीन्हौ, बाती दई जलाय।
रविदास करी हरि भगति, जनम मरन बिलमाय॥
भवसागर से तरन को, नाम एक अधार।
रविदास नहीं छाड़िए, रामनाम पतवार॥
सोई काया कंचन समझौ, जिह तन राम परगास।
रविदास राम चिंतामणि, चहु दिसि ओज उजास।
कोयल तरसै अम्ब को, चातक तरसत नीर।

रविदास ललचि दरस को, तन मन रहे न धीर॥
यह जग दुःख की खेतरी, जानत है सब कोय।
ज्ञानी काटहि हरि नाम जपि, मुरख काटही रोय॥
कटुक बचन नहि बोलिए, सब घट हरि आधार।
ज्ञान का द्वार है यह, कहि रविदास पुकार॥
सब घर मेरा साइयाँ, जलवा रह्यो दिखाय।
रविदास प्रीतम रमि रह्यो, कहु नहीं आवै जाय॥
एकहि ब्रह्म सकल महि, आत्मा ब्रह्म माहि।
रविदास ब्रह्म सब भेष, ब्रह्म बिना कछु नाहि॥
रविदास राम सब जगत्, कोई नहि उदार।
गनि गरीब नवाज प्रभु, दीनन को रखवार॥
जौ लौ घट मही परान, तब लौ जपि सतनाम।
रविदास परम पद पाय, जिन्ह घट बसहि राम॥
मुख से हरि को नहि भजा, कर से किया न दान।
आदर किया न संत का, वही नर पशु समान॥

(3)

रविदास सत न त्यागिए, जौ लौ घट में प्रान।
सत भ्रष्ट करि जगत् में, सदा होत अपमान॥
रविदास सत के आसरे, सदा सच्चा सुख पाय।
सत ईमान नहि छाड़िए, जग जाय तो जाय॥
रविदास सत न छाड़िए, जौ लौ घट में प्रान।
दूसरो न धर्म कोई, जग मँह सत्त समान॥
अमिट अंधविश्वास जहाँ, सत परख तँह नाहि।
रविदास सत सु जानि है, जो अनुभव मन माहि॥
इक बूँद सु बुझी गई, जनम जनम की प्यास।
जनम मरन बँध टूटै, गुरु रविदास खलास॥
एकै माटी के सभी, एकै सिरजनहार।
हंस व्यापै घट भीतर, एकै रचै कुम्हार॥

रविदास एक बूँद सों, जिमि उपज्यो संसार।
ऊँच-नीच किस विधि भयो, ब्राह्मण और चमार॥
इक ज्योति सभ उपजै, सगल पसारा जान।
सब घट एक ही ब्रह्म, सब ही एक समान॥
अलख निरंजन ज्योति ही, सृष्टि सिरजनहार।
चतुरजन साधि ऊँच-नीच, स्वारथी व्यवहार॥
चोरी हिंसा कपट छल, जिसने किया है त्याग।
वह नर जग में देवता, जागे उसके भाग॥
रविदास न पूजै देहरा और न मसजिद जाय।
जँह-जँह ब्रह्म के बास है, तँह-तँह सीस नवाय॥
ज्ञानी वही कहलाते, पल छिन करै विबेक।
ऊँच-नीच मानें नहीं, सब घट जानहि एक॥
तीन लोक से भिन्न है, परम पुरुष का बास।
जहाँ किसी का गम नहीं, तहाँ बसे रविदास॥
अंतर दिआ जगमग जरै, बिन बाती बिन तेल।
सूरत साधिकर हिय महि, देख पिया के खेल॥
जिह्वा से ओंकार जप, हत्थन सो कर कार।
राम मिलै घर आई कर, कहि रविदास पुकार॥
नेक कमाई कीजिए, फल की तज दे आस।
करम मनुष्य का धरम है, सत भासै रविदास॥
प्रभु भगति श्रम साधना, जग मह जिन्हहि पास।
तिन्ही जीवन सफल भयो, सत भाषै रविदास॥
जनम जाति को छाड़ि कर, करनी जाति परधान।
इह्यो बेद को धरम है, करै रविदास बखान॥
दया धरम जिन्ह में नहि, हिया पाप को कीच।
रविदास तिन्हहि जानिहौ, महा पातकी नीच॥
मुसलमां सिख इसाई, बौद्ध हिंदू से कर प्रीत।
हंस ज्योति सभ राम की, सभ है अपने मीत॥
संत संतोष सदाचार, जीवन को आधार।

हंस भये नर देवता, त्यागी पंच विकार॥
जो बस राखि इंद्रियाँ, सुख दुःख समुझि समान।
सोउ अमिय पद पाई, कहि रविदास बखान॥
सुख सरिता मह बूड़िकर, कबहु न सुध बुध खोय।
दुःख की बदरी देखि कै, रविदास न दिजै रोय॥
जो जन दुष्ट कुमारगी, बैठहि नहि तिह पास।
जो जन संत सुमारगी, पाय लगौ रविदास॥
रविदास रात न सोये, दिवस न करिये स्वाद।
दिवाराति हरि सुमिरिये, छाँड़ि सकल प्रतिवाद॥
रविदास तू कवच फली, तुझे न छीवै कोय।
तै निज नाव न जानिया, भला कहाँ ते होय॥
प्रानी बँध नहीं कीजिए, जीव ब्रह्म समान।
रविदास पाप न छूटै, करोड़ गौ करि दान॥
रविदास जीव न मारिहि, इक साहिब सब माहि।
सभ महि एकउ आत्मा, दूसर कोउ नाहि॥
पराधीनता पाप है, जान लेहु रे मीत।
रविदास दास पराधीन सो, कौन करे है प्रीत॥
ऐसा चाहों राज मैं, मिलै सबन को अन्न।
छोट बड़ो सभ सम बसै, रविदास रहे प्रसन्न॥
मानवता सत्संग जहाँ, संत सेवा उपकार।
भौतिक सुख का बास तह, हंस बाग गुलजार॥
भक्ति भाव उपकार में, जो प्राणी लवलीन।
वाके जीवन सफल जग, जाके बुद्धि प्रवीन॥
तुम सद्‌गुरु पुरण मिले, अब न करो निराश।
भीक्षा मांगु भक्ति की, पुरण करो हंस आश॥
दीनानाथ अनाथ के, तुमही हो पतवार।
नाव पड़ी मझधार में, हंस लगाबहु पार॥
बार-बार विनती करूँ, सुनियो कृपानिधान।
लज्जा आकर राखियो, दीनन के भगवान्॥

जन समूह में हैं खड़े, उडगन शशि निवास।
मोतियन में हीरा जस, तस दरसत रविदास॥
श्री रामानंद जग गुरु, निर्वादित शुचि महान।
हंस स्वामी गुन बखानी परमो संत सुजान॥
जिनके पदरज शीश धरु, सकल साधु सुखधाम।
करुँ तासु भाषा तिलक, सतगुरु तेही नाम॥
सुधि बुधि सतभाव मोहे, दीजै गुरु आशीष।
साधु-साधु सब प्रिय रहै, यहि तीलक जगदीश॥

□

बोलो बोलो भगवती लोनावर गुरु रविदासजी महाराज की जय।

7

भजनामृत

(1)

वरणेश्वर गुरु रविदास की, करो स्वागत गुरु रविदास की। टेक।
स्वागतं स्वागतं शरणागतं गुरु करुणागतं अरुणागतम्।
स्वागतं संत समाज की करो स्वागत गुरु रविदास की। करो···
कबीर, नानक, पीपा, दासा, धन्ना, सेन त्रिलोचन खासा।
वेद पुरुष कवष महिदास की, करो स्वागत रविदास की॥ करो···
भगवति लोना करुणागतम् माता कलशीकर्मा आगतम्।
जय दादा गुरु हरिदास की, करो स्वागत गुरु रविदास की॥ करो···
अजपा-जाप जपते सतनाम, सबका बनाते बिगड़ी काम।
संत शिरोमणि गुरु ललाम की, करो स्वागत गुरु रविदास की॥ करो···
सावन सा महं महं आते, दया दृष्टि सुमन बरसाते।
गजरा हार गले पहना के, करो स्वागत गुरु रविदास की॥ करो···
बिठाये हिय तसवीरें उनकी, हम राह तका करते जिनकी।
आते होंगे तसरीफ लेके, करो स्वागत गुरु रविदास की॥ करो···
वे आएँ दयादृष्टि बरसाते, हम सबको गले लगाते।
हंस करता सलाम उन चरणन की, करो स्वागत गुरु रविदास की॥ करो···

(2)

अजपा जाप जपते सतनाम, काशी जिनका धाम है।
ऐसे गुरु रविदासजी महाराज को, बारंबार प्रणाम है॥ 1॥
सुरति सुहागिन सुधा कमाली झाली, मीरा के गुरुवर है।
ऐसे गुरु रविदासजी महाराज को, बारंबार प्रणाम है॥ 2॥
नानक कबीर ओहर सेन धन्ना, त्रिलोचन के गुरुवर हैं।
ऐसे गुरु रविदासजी महाराज को, बारंबार प्रणाम है॥ 3॥
वरदहस्त वरदानी रखे जिन पर, उनका सब दुःख भागत है।
ऐसे गुरु रविदासजी महाराज को, बारंबार प्रणाम है॥ 4॥
गुरुवर छवि छाक-छका करते, 'हंस' खुल गए सारे ताले हैं।
ऐसे गुरु रविदासजी महाराज को, बारंबार प्रणाम है॥ 5॥

(3)

हे कर्मा के लाल लाडले, आत्मज रघुनंदन चँवरवंश के।
संदन स्वामी शिष्य परम प्रिय, प्रणेता सतनाम संघ के॥
हे मनुष्य, हे संत शिरोमणि 'हंस' बिका तेरे नाम के।
हे प्रणम्य, स्वीकारो मेरे, श्रद्धा सुमन प्रणाम के॥ 1॥

गुरु रविदास जी अष्टभाषी, सोऽहं वंदना सतनाम के।
करो शिक्षित संघर्ष दिलाओ, ले संगठित हक धाम के।
गुरुमुखी गुरु रविदास सजाए, नाशी वर्ण जाति हराम के॥
हे प्रणम्य, स्वीकारो मेरे, श्रद्धा सुमन प्रणाम के॥ 2॥

पत्नी प्रिया प्रेरणा कवयित्री, प्रतिभावान महान् जिनके।
रूपशील-गुण ज्ञान-विनय की, थी सच्ची पहचान उनके।
माँ भगवती लोना थी भगवती, धर्म जिमाई गुरुधाम के॥
हे प्रणम्य, स्वीकारो मेरे, श्रद्धा सुमन प्रणाम के॥ 3॥

बहुत भरोसा बल था तुमको, स्व आत्मस्वरूप ज्ञान का।
रूढ़ी पाखंड ढाह उपदेशा, सोऽहं गुरु शरणं ध्यान का॥
कंठ-कंठ परिचित उस स्वर से, सारे खास आवाम के॥
हे प्रणम्य, स्वीकारो मेरे, श्रद्धा सुमन प्रणाम के॥ 4॥

गुरु रविदास प्रेमा-भक्ति, ज्ञान यज्ञ आंदोलन जेता।
सामूहिक लंगर कीर्तन छकाते, द्वेष वैर विरोध समेटा।
तुम हीरा गुदड़ी के लाल हो, अन्य रतन किस काम के॥
हे प्रणम्य, स्वीकारो मेरे, श्रद्धा सुमन प्रणाम के॥ 5॥

बौद्ध सतनाम सनातन सिख, इस्लाम ईसाई को ठहराते।
समता एकता सिंचित ज्ञान, आदर्श नैतिक पाठ कराते॥
कबीर नामदेव नानक सैना, 'हंस' रविदास गुलाम के॥
हे प्रणम्य, स्वीकारो मेरे, श्रद्धा सुमन प्रणाम के॥ 5॥

(4)

भगवती लोना वंदितां शक्तिरूपेण संस्थितां॥
रक्षा करती गर्हितां भगवती लोना वंदितां॥ टेक॥
सतनामी ध्वज फहराता तेरे नाम लहराता।
ऋद्धि सिद्धि दाता विद्या बुद्धि विधाता॥
पुत्र पालक संचितां भगवती लोना वंदितां॥ 1॥
हरदम दयालु माता तेरे शरण आता।
भक्त जोड़ी नाता उनका दुःख निपाता॥
स्नेह प्यार संचितां भगवती लोना वंदितां॥ 2॥
तंत्र-मंत्र रोपिता अपार शक्ति बोधिता।
डिह सायर नेविता ओझा गुनि सेविता॥
'हंस' जन रक्षिता भगवती लोना वंदितां॥ 3॥

(5)

हे भगवती लोना वरं पुरुषोत्तम रविदास सुंदरं॥
धन निरंकार सगोचरं अक्षर अलख अगोचरं॥
हे सुधासुत कृपालं पगरज शक्ति विशालं॥
उन्मूलन दास प्रथा समूलं रौशन सूर्य आदि कूलं॥
हे ज्ञानाश्रय अर्जकं ममता समता सर्जकं॥
सतनाम धर्म प्रवर्तकं दलित सह नारी शिक्षकं॥
हे गुणनिधे संसार सारं मीरा रक्षक करुणावतारं॥
ऋद्धि-सिद्धि दायकं 'हंस' गुरुपते पाहि माम॥

(6)

जय भगवती लोना नमो वर दे, जय माँ शक्तिस्वरूपिणी बहुफल दे॥
जय जननी जगदंबा स्नेह स्वर दे, जय सतनाम यंत्र मंत्र सिद्ध करदे।
खग चिति शंख सिंधोरा प्रसाद नुते, जय सागर गामिनी रविदास नुते॥
जय देवि लंगर संत समानु कृते, जय सूर्यवंश आधार नुते।
जय सगुनि सुधा झाली भक्तिप्रदे, जय सुरति सुहागिन मीरा शक्तिप्रदे॥
जय भगवती लोना नमो वर दे, जय माँ शक्ति स्वरूपिणी बहुफलदे।
जय सोऽहं सतनाम ध्यान धरे, जय गुरु रविदास कल्याण करे॥
जय भक्ति आंदोलन ज्ञान भरे, जय लोक समस्तक पाप हरे।
जय मातु कृपालु सरगम स्वर दे, जय विघ्न विनाशिनी झोली भर दे॥
जय भगवति लोना नमो वर दे, जय माँ शक्ति स्वरूपिणी बहुफल दे।
जय अस्पृश्य उन्मूलक दुःख हरे, जय समता प्रकाश उजास करे॥
जय व्याधि विनाशिनि मोक्ष करे, जय वांच्छित दायिनि सिद्धि वरे।
जय भक्ति ज्ञान अचल कर दे, जय माँ शक्ति स्वरूपिणी बहुफल दे।
जय भगवति लोना नमो वर दे, जय सोऽहं सतनाम अमर फल दे॥

(7)

भगवती लोना रविदास भजामि सतनाम जपामि नमामि नमामि॥
राम सतनाम सत्य उदेशं कबीर नामदेव गोपाल उपदेशं॥

सत्य परख नहीं अंध विश्वासं भयं भूत भगवत विश्वासं॥
जनशक्ति जनानंद जनामि भगवती लोना रविदास भजामि॥
गुरु महिमा उदार अपारं भक्ति आंदोलन सत्य आधारं॥
जय हरण धरनि भारं सत्य सार सफल बिस्तारं॥
करो हंस बारंबार प्रणामि भगवती लोना रविदास भजामि॥
तुम पर धूल उड़ाई गई पर गुरुवर रोशनी पाई नई॥
व्यक्तित्व निखरा निर्मल भयी सतनाम निरंजन बीज बयी॥
राष्ट्रीय फलग जागे सतनामी भगवती लोना रविदास भजामि॥
गुरु सौख साधन भक्ति हेत अलख पुरुष ज्ञान सेत॥
कबीर नामदेव नानक समेत मम हृदय करहू निकेत॥
'हंस' विनवत आठो यामि भगवती लोना रविदास प्रणामि॥

(8)

सोऽहं गुरुशरणं जय सतनाम। जय सतनाम जय जय सतनाम।
सोऽहं गुरुशरणं जय सतनाम। हंस हंसः अजपा जपे राम।
सोऽहं गुरुशरणं जय सतनाम। गुरु को ध्यावत सुबहो शाम।
सोऽहं गुरुशरणं जय सतनाम। साहेब गुरु रविदास प्रणाम॥ जय
सोऽहं गुरुशरणं जय सतनाम। धन धन निरंकार सलाम।
सोऽहं गुरुशरणं जय सतनाम। श्री सतनाम साहिब पढ़ै सरेआम।
सोऽहं गुरुशरणं जय सतनाम। मसीहा बनि आए सबके काम।
सोऽहं गुरुशरणं जय सतनाम। साहेब गुरु रविदास प्रणाम॥ जय
सोऽहं गुरुशरणं जय सतनाम। मिटाये अस्पृश्य सतनामी लगाम।
सोऽहं गुरुशरणं जय सतनाम। नारी सह दलित पढ़ाए गुरुधाम।
सोऽहं गुरुशरणं जय सतनाम। संदेश उपदेश दियो आठो याम।
सोऽहं गुरुशरणं जय सतनाम। साहेब गुरु रविदास प्रणाम॥ जय
सोऽहं गुरुशरणं जय सतनाम। अलख जगाए प्रेमा-भक्ति राम।
सोऽहं गुरुशरणं जय सतनाम। दे सुमति कुमति निवारी आयाम।
सोऽहं गुरुशरणं जय सतनाम। भय शोषण त्रास मिटाए तमाम।
सोऽहं गुरुशरणं जय सतनाम। साहेब गुरु रविदास प्रणाम॥ जय

सोऽहं गुरुशरणं जय सतनाम। गंगा डूबै द्विजन शालीग्राम।
सोऽहं गुरुशरणं जय सतनाम। संत गरिमा बचाए खुलेआम।
सोऽहं गुरुशरणं जय सतनाम। आरती उतारती सकल आवाम।
सोऽहं गुरुशरणं जय सतनाम। गुरु ध्यावत 'हंस' सुबहो शाम।
सोऽहं गुरुशरणं जय सतनाम। साहेब गुरु रविदास प्रणाम। जय

(9)

श्री सतनाम साहिब न्यास की, जय स्वागत गुरु रविदास की।
साधु चरित्र उदार हृदय, गुरु प्रतिभा ज्ञान विज्ञान की।
परम पवित्र सतनामी ध्वजा, कमलारूढ़ हंस निशान की।
सफल सामूहिक लंगरमा, भगवती लोना कदरदान की।
ज्ञानाश्रम प्रेमा-भक्ति बाढ़ै, संदेश उपदेश नामदान की।
स्वागत पुरुष प्रखर दिवाकर, नूर की किरण फूटी जिनकी।
घनश्याम दास 'हंस' संतन सुखदायी, हम वंदना करते उनकी।

(10)

गुरु रविदासजी का सतनाम, मीठा-मीठा लगता है।
उनका सच्चा दरसन परसन, अच्छा-अच्छा लगता है॥ टेक॥
सगुनि सुधा कमाली झाली, मीरा का गुलशन खिलता है।
कबीर नामदेव नानक का गुरुवर फरिस्ता लगता है॥ गुरु.
जिन आँखों में ज्योति नहीं है, दिल भी पत्थर लगता है।
नूर का साया ढूँढ़नेवाला, वह बंदा अंधा लगता है॥ गुरु.
सलामो की डाली मुहब्बत का, सुखशांति तोहफा मिलता है।
वहाँ नूर की किरन फूटी, खैरात दुआ का बाँटता है॥ गुरु.
पाँवों में खजाना हाथों में जमाना, गुरुवर रौशन रहता है।
नूर की बरखा में तन धोकर, गुरु शरण नित गहता है॥ गुरु.
माँ भगवती लोनाजी का, निशदिन घंटा बजता है।
जगमग-जगमग ज्योति जले, 'हंस' आज भी लंगर छकता है॥ गुरु.॥

(11)

गुरुवर-गुरुवर खूब पुकारा, गुरुवर शरण में आई हो माय।
मैया आई हो माय, आई हो माय, गुरुवर शरण में आई हो माय।
संत जीवन है फूल सरीखा, सर्वत्र खुशबू, महकाई हो माय।
फूलवा बिन सुन लागै फूलवरिया, इक फूल दिहलु उगाई हो माय।
सोभै फुलवा कूलवा भैले उजागर, भरम दिहलू मिटाई हो माय।
तू ही मेरे लाल के हे गुरु माता, दिहलू अचरा दाग छुड़ाई हो माय।
तेरे लंगर छकि मोर लाला लियो, नृप तभी फाँस चढ़ाई हो माय।
जाति पाँति की ऊँची मर्यादा, दियो हमके नरक पहुँचाई जो माय।
हाथ पाँव बाँध शेर आगे परोसा, झुक-झुक शेर दंड लगाई हो माय।
तेरा करिश्मा गुरुवर की महिमा, मोर बालक उहाँ बकसाई हो माय।
मौत मुहवा से मोर बालक को, दिहलु आज बचाई हो माय।
सिर कनक छत्र अर्पण करि हम, जीवन सार सजाई हो माय।
है ज्ञानाश्रयी संतन के रहवर, स्वामी सद्गुरु रविदास हो माय।
ज्योर्तिमय होने पंथ दिखाए, हमरो के दऽ गुरु अन्यास हो माय।
नैवेद्य पान ध्वजा नारियल, लेहु बालक की भेंट हो माय।
घनश्याम दास 'हंस' निशिदिन, सेवक रहू तेरे द्वार हो माय।

(12)

श्री हंसजी कराए गुरुपूजा, रविदासजी के झूम-झूम के।
हो मैया झूम-झूम के हो, झूम-झूम के॥ श्री हंसजी कराए०।
सुसंत कचहरी अमृत गुना। बरसै नेक नैतिक नूतन दूना।
अहा! सतनामी ध्वजा फहराए, गुरु रविदासजी के पूज-पूज के।
धन निरंकारी खुले फटका। गुरु चरणन मिटै सभी खटका।
अहा! सुमन चढ़ाई पग पादुका। गुरु रविदासजी के चूम-चूम के।
ललाट लगाए शीतल चंदन टीका। गले गजराहार पहनाए मणि का।
अहा! दीप जलाए कुल कर्णिं का। गुरु रविदासजी के चून-चून के।
कंचन थाल सजाए अगर धूप का। आओ आरती उतारै गुरु भूप का।
अहा! झलक दिखाए स्वरूप का, गुरु रविदासजी के गुण-गुण के।

फल मेवा मिष्टान्न शलिका। रक्षा रोरी ले नारियल टीका।
अहा! सुगंधि महके सतनाम का, गुरु रविदासजी के फूल-फूल के।

(13)

पागल मनवा दिल दिवाना लगता है।
गुरु रविदास जोत परवाना जलता है॥
मानव को मजबूर बनाकर विप्र, पशु सा जीवन जिलाते।
अत्याचार अपकार अपमान से, हम दासों को नसाजे जाते॥
वे भक्ति आंदोलन उबारी, जहर जाति जमाना गलता है।
पागल मनवा दिल दिवाना लगता है॥ गुरु.॥
लिखा-पढ़ा विद्वान् न होते, केतनो चतुर बने मन माही।
जहाँ अंधविश्वास का डेरा, हंस सत्य परख तहाँ नाही॥
रूढ़ परपम्परा चमचागिरी फँसि मरदाना मरता है।
पागल मनवा दिल दिवाना लगता है॥ गुरु.॥
पढ़ा-लिखा वाही शोध किया, युक्ति से सुक्ति मिलाई।
सत्य असत्य हंस प्रकट किया, दूध पानी बिलगाई॥
'हंस' मानो नहीं जानो सुगमवा! विज्ञान परवाना कहता है।
पागल मनवा दिल दिवाना लगता है॥ गुरु.॥

(14)

सतनाम गुरुनाम गाते चलेंगे, रविदास गुरु है यह बताते चलेंगे॥ टेक॥
दानी बड़े कल्याणी हमारे, भक्ति आंदोलन सबको उबारे।
प्रेमाभक्ति की रास रचाते चलेंगे, सतनाम गुरुनाम गाते चलेंगे। रविदास···
विद्या विवेक के सानी नहीं हैं, अखिल विश्व के मानी वही है।
गुरु शरणागत शरण मनाते चलेंगे। सतनाम गुरुनाम गाते चलेंगे॥ रविदास···
गुरु रविदास जी शाह फकीर, सनातनी गुरु मुसलमाँ पीर।
हर मानव को गले लगाते चलेंगे, सतनाम गुरुनाम गाते चलेंगे॥ रविदास···
व्यक्ति नहीं समष्टि का नारा, सतनाम धन निरंकार प्यारा।
शरणागत हो कृति रचते चलेंगे, सतनाम गुरुनाम गाते चलेंगे॥ रविदास···

युगपुरुष रविदास दुलारे, श्री सतनाम साहिब उच्चारे।
सोऽहं सतनाम 'हंस' जपते चलेंगे। सतनाम गुरुनाम गाते चलेंगे॥ रविदास···

(15)

नूर की किरण फूटी, नूर की शरण लूटी, नूर से रचै संसारा।
ये सतगुरु कहाँ डूबा कहाँ छिपा, कहाँ रहा खेवनहारा।

मेहरी मेहर मोहरी लगाके, कसी-कसी बाँधे गाँठी।
जानत है सब भेद-वेद की, फिर से बँधा होय साठी।
सो नैया बीच नदिया डूबी, कोई नहीं रोकनहारा।
ये सतगुरु कहाँ डूबा, कहाँ छिपा, कहाँ रहा खेवनहारा॥ 1॥

गुड़िया-गुड़वा-सुप सुपलिया, त्यज दे बुधि लरिकइया खेलन की।
देव पितर ओ भुवाँ-भवानी, वे पूजन चौरासी मिलन की।
सो भैया बीच मंगिया सुनि, दुल्हा मर गए सारा।
ये सतगुरु कहाँ डूबा कहाँ छिपा, कहाँ रहा खेवनहारा॥ 2॥

प्रकृति भोग ब्रह्म न मानो, आत्मा अरु भोक्ता ब्रह्म न जानो।
परब्रह्म है एक अलग सत्ता,भरण पोषण संहार विधानो॥
सो ब्रह्मांड सृजै वह जूमि, सोऽहं ब्रह्म लखावनहारा।
ये सतगुरु कहाँ डूबा कहाँ छिपा, कहाँ रहा खेवनहारा॥ 3॥

सूई नख में जगत् अटका, सब भटकि-भटक गवाया।
परिचय भइल जब सद्‌गुरु से, ताला खुलन की चाबी बताया।
सो शून्य महल उजिगारी धूनि, हंस चेतन को सतनाम उबारा।
ये सद्‌गुरु कहाँ डूबा कहाँ छिपा, कहाँ रहा खेवनहारा॥ 5॥

भावार्थ—

1. महाठगनी माया (नायिका) अपने पति परमात्मा (सद्‌गुरु) से पूछती है

कि हे स्वामी! यह जीवात्मा परमात्मा की ज्योति से, प्रकृति के संयोग से पैदा हुआ था। उनकी छत्रछाया में पल्लवित नर-नारी, नूर की बरखा में अपना तन-मन धोकर धन, दिमाग, समय (मनि माइंड टाइम) के सद्दुपयोग से सुख का आनंद लूट रहा था। वह जीवात्मा कहाँ डूबा है, कहाँ छिपा है, और न आज उसकी कोई पहचान ही रह गई है।

हे सद्गुरु! क्या मैं उस अस्तित्वहीन जीवात्मा को ही सुसज्जित छल, कपट, मोह-माया की जंजीर (लगाम) में जकड़ (बाँध) रखे था। नहीं! नहीं! मेरे नायक तो प्रकांड विद्वान्, समस्त शास्त्रों के ज्ञाता हैं। यही नहीं मायावी सारे भेदों को जाननेवाला है। यह सच है कि मानव शरीर संसार सागर से तरने-तारने की नौका है। चेतनपुरुष होकर भी अपने आत्मा बल व विवेकशील सारे सद्गुणों को वह मेरे क्षणिक स्नेह सुख वासनाओं की दलदल में फँसकर खो दिया। साठी धान की तरह बँध, हल्का होय उजड़ गया।

अस्तु, वह अपने ऊपर विश्वास किया। आत्मबल व विवेक से काम लिया। परमात्मा भी उसके साथ रहे। उस विवेकवान साधक की साधना के बल से मानव शरीर रूपी नावका में संसार रूपी नदी डूब जाती है, शून्य हो जाती है, अर्थात् रोक असंभव है और नायक का संसार सागर से बेड़ा पार हो जाता है। हे स्वामी! शुद्ध बुद्धिवाला वह स्वरूप ज्ञानी जीवात्मा कहाँ डूब गया है, कहाँ छिप गया है, जिसका कोई अता-पता ही नहीं है। हे ज्ञानी! हमारी इस आशंका को मिटा दो कि वह मल्लाह कहाँ गया।

2. हे चेतनशील प्राणी! लड़कपन में बच्चे गुड़िया-गुड़वा, सूप-सुपलिया आदि अनेकों खेल-खेलते हैं, परंतु सयाने हो जाने पर वह सब बचपने के खेल छोड़ देते हैं अर्थात् तू भी अपना बचकानापन छोड़ दो और अविनाशी आत्मा देव में एकाकार होने का प्रयत्न कर। हे ज्ञानी! देव-पितर और भूवां, भवानी की कल्पना में भटकना, उनके पूजन में जुटना, संसार में भटकने का साधन है यानी चौरासी में जाने का मार्ग है, ब्रह्म से एकाकर होने का नहीं। मोह-माया व अहंकारादि में लिपटा, आत्मबल व स्वरूप ज्ञान से हीन मनुष्य बेवा की तरह अनाथ है। सुसंस्कार से हीन पुरुष सद्गुरु (परमात्मा) की वाणी को नहीं समझ पाता और अज्ञानवश

ईश्वर को गाली देता है—ईश्वर है ही नहीं। अगर है तो सब घट रमनेवाला पर ब्रह्म परमेश्वर वह कहाँ लुप्त हुआ? वह कहाँ लुकाया है, कहाँ है उसका अता-पता? हे ज्ञानी हमारी इस आशंका को मिटा दो कि वह मल्लाह जीवात्मा क्या सचमुच में मर गया है?

दृष्टांत—मातृ देवो भव, पितृ देवो भव, आचार्य देवो भव, अतिथि देवो भव, अर्थात् माता-पिता, गुरु और अतिथि देवता हैं, यह बात ठीक है। इनके जीते जी इनकी सेवा करनी चाहिए। इनका सम्मान करना चाहिए। इनके मर जाने पर भी इनमें श्रद्धा रखनी चाहिए और इनके स्मरण में लोक मंगल का काम करना चाहिए, परंतु अनेक कल्पित जड़ देवताओं की मान्यताएँ, उनका पूजन, अर्चन, मृत पिता को पिंडक्रियादि द्वारा तृप्त करने का धोखा है। अन्य भूवा भवानी की कल्पनाएँ केवल भटकाव हैं। पुनः चौरासी में उलझने-भटकने का रास्ता है। संपूर्ण जगत् की संपूर्ण सृष्टि में चार खानी (1) अंडज-चिड़िया, मछली (2) पिंडज-मानव, कुत्ता (3) उद्भिज-दीमक, चिलर, यरायुज-काई, वनस्पतियाँ आदि योनि में सभी जीवों के शरीर अपने-अपने अंगुल से चौरासी अंगुल के ही होते हैं। सभी जीवों के शरीर का नाप एक बराबर है। सभी में एक ईश्वर का वास है और एक ही परमात्मा की उपज है। प्रकृति प्रदत्त सभी पशुओं में मनुष्य एक चेतनशील प्राणी है। अहिंसा परमो धर्मः। भाई हो तो भरत जैसा, आदि सूक्तियों का अब पुनः दुरुपयोग न करें और न जीव-जीव का मांस खाए। मांस का भक्षण करना, मोक्ष की चाह रखना, भूयां-भवानी में भटकना यानी कीड़ा-कुत्ते-बिल्ली की योनि में, चौरासी में जाने का रास्ता है। ब्रह्म से एकाकार होने का नहीं।

3. हे चेतन पुरुष! प्रकृति प्रदत्त सभी वस्तुओं का सही सेवन करनेवाला वह ब्रह्म नहीं है और न उस चेतनशील प्राणी की आत्मा को भी ब्रह्म कहा जा सकता है। उसे भोगनेवाला भोक्ता भी ब्रह्म नहीं है, पर ब्रह्म की तो एक अलग ही सत्ता है, जो वह महान् प्रकृति में मौजूद होकर सारे संसार की रचना करती है। पालन पोषण-संहार उसी में निहित है। उस महान् प्रकृति की जानकारी मानव और प्रकृति के संयोग से होती है। हे ज्ञानी! परमात्मा तो प्रकृति की गोद में बैठा है। केंद्र में ध्यान मग्न है।

वह तुम्हारी आँखों के सामने रहते हुए भी अदृश्य है। हे ज्ञानी! अब वह आशंका जड़ से मिटा दो और ध्यान रखो कि जो तुम हो, वही मैं हूँ, जो मैं हूँ, वही तुम हो।

4. हे परमार्थ के राही! नष्ट होनेवाली क्षणिक सुखद माया के मोह में उलझा हुआ सारा संसार ही सुई के छेद में फँस गया है। अपने चेतन स्वरूप ज्ञान के मोती को ढूँढ़ने में विफल लोगों ने सुर दुर्लभ मानव शरीर पाकर भी संसार सागर में भटक-भटक कर अपना अमूल्य समय, सत्कर्म व दिमाग सभी गवाँ दिया है। ज्योंहि मर्मी गुरु से परिचय होगा, हंस चेतन पुरुष निर्भय होकर, ज्ञान सागर के गहनतम स्थान में डूबकर अपने स्वरूप ज्ञान के मोती ढूँढ़नेवाले कल्याणार्थी मिले तो उसके हृदय रहस्य (जीवात्मा, परमात्मा, जड़ प्रकृति) के ताले को खोलने के लिए उसे विवेक की चाबी दे दो। शून्य ब्रह्मांड महल में स्वप्रकाश पुंज ज्योति सर्वत्र विराजमान है। धन निरंकार की दिव्य एवं अव्यक्त सत्ता ज्योति बिंदु है। उस शून्य महल की उजियारी धुनी एक कल्याणकारी बीज रूप ज्योतिपुंज सोऽहं है। संत घनश्याम दास हंसजी कहते हैं कि चेतन पुरुष! सद्‌गुरु के माध्यम से ही उस ज्योति महल में सतनाम के द्वारा पहुँचा जा सकता है। आपका कल्याण हो सकता है। हे ज्ञानी! अब तो तुम्हारा सभी शंका मिट गई होगी। परब्रह्म परमेश्वर न डूबा, न लुप्त हुआ, बल्कि सब घट रमनेवाला वह महान् है, सभी जगह विराजमान है और सदैव सबकी रक्षा करता रहता है।

(16)

जाते भयो अण्ड स्वप्न, रूप वर्ण अंडमाहि, कर्ता को स्वरूप नाहीं अखंड को स्वरूप है।
नाद बिंदु योग स्वप्न, जीव ईश भोग स्वप्न, भूमि अवतार निराकार स्वप्न रूप है॥
पाप पुण्य करे स्वप्न, वेद और वेदांत स्वप्न, बाचा और अबाचा स्वप्न रूप सो अनूप है।
चंद्र सूर्य भास स्वप्न, पंच में प्रपंच स्वप्न, स्वर्ग-नर्क बीच बसै सोऊ स्वप्न रूप है।
ओऽहं और सोऽहं स्वप्न, पिंड और ब्रह्मांड स्वप्न, आत्मा परमात्मा स्वप्न, रूप से अरूप है।
जरा मृत्यु काल स्वप्न, गुरु-शिष्य बोध स्वप्न, अक्षर निरक्षर स्वप्न, आत्मा स्वप्न रूप है॥
कहत कबीर सुन, गोरख वचन मम, स्वप्न ते परे सत्य, सत्य रूप भूप है।
सोई सतनाम सतलोक बीच वास करै, नाहीं कहुँ आवै नहीं जावै, सत्य रूप है॥

(17)

वंदऊँ वाणी विनायक हनुमत, उमा भवानी शिव भंडारी।
हम सेवक तुम स्वामी बाबा, रखना लाज हमारी॥ टेक॥
लगन लगाके ज्योति जला के, निज दरबार गहाया प्यारे।
सेवक बन के ध्वजा पकड़ के, खड़ा रहूँ तेरे द्वारे॥
मण्ड सेवा करूँ निश दिन बाबा, रखना लाज हमारी॥ वं.॥
श्रद्धालु सेवा हनुमत देवा, भोग लगा परसाद चढ़ाता।
भक्त रजामद करिके खुशामद, आशीर्वादी तिलक लगाता॥
आरमाँ पुराकर भक्तह्न बाबा, रखना लाज हमारी॥ वं.॥
चमचा खेबैया अटकी नैया, घुट रहा दम साँसों की।
पुछही कुलघाती वर्ण गोत जाति, घटा घिरी उपहासों की॥
इस नैया के बनी पतवार बाबा, रखना लाज हमारी॥ वं॥
त्रिभुवन लल्ला के स्वामी जल्ला के हे बजरङ्गी वीर हनुमान।
चमार बता के निच लखा के, कुछ लोग करे परेशान॥
अस्पृश्यता अभिशाप मिटा के बाबा, रखना लाज हमारी॥ वं॥
इनसान बाँट के भेद डाल के, मानवता का मर्म मिटाता।
मंड से हटाके अब दूर बिठाके, 'हंस' को नहीं इनसाफ दिलाता।
शीघ्र उचित न्याय दिलाकर बाबा, रखना लाज हमारी॥
वंदऊँ वाणी विनायक हनुमत, उमा भवानी शिव भंडारी॥

(18)

एक जानि के हो आज एक जानि के।
अपने हियिरा में बैठवो हम एक जानि के॥ टेक॥
सबको निकाल आज एक को बैठैबो हो।
सतनाम निरंजन निरगुन निरछल को अपनैवों हो।
गुरु रविदास रवि एक जानि के, एक जानि के।
अपना जीवन सफल बनैबों हम एक जानि के॥ एक...
सारी जगत् रचलै एक ही सृजनहारवा हो।
एक ही रवि हो करै जगत् उद्धारवा हो।

दृढ विश्वास प्रकट पकड़ो एक जानि के।
अचल प्रेम प्रीत अपनैबों हम एक जानि के॥ एक¨
अगुआ मोरे संग खड़ा बा बेगमपुर का बासी हो।
आगे पीछे ऊपर नीचे ओहिजे बा सुखरासी हो।
सुरति सुहागिन झूमें देखो एक जानि के।
दिव्य दृष्टि हिया हुलसैबों हम एक जानि के॥ एक¨
राधे कृष्ण करीम हरि, राम रहिम खुदाय हो।
गुरु रविदास मन बसही, कहु न खोजन जाय हो।
अजपा जाप जपते सतनाम हंस एक जानि के।
सेवा संतन का सब करबो हम एक जानि के॥ एक¨

(19)

गुरुवर गहगह करेला अंगनवा तऽ बाजेला बजनवा नू हो॥ टेक॥
गुरु रविदास बरसेला सांवनवा तऽ माई भगवती लोना अँगनवा नू हो॥
करू सखी सुमिरनवा गियानवा तऽ जिनगी सवरेला दरसनवा नू हो॥
रविदास कुलवा के उगल सुरूजवा तऽ रौशन भैले समाजवा नू हो।
उपदेशी सोऽहं सतनमवा धरमवा तऽ धन-धन निरंकारवा नू हो॥
संत शिरोमणि गुरुवर महाराजवा तऽ गरीब गुरुबो के हवै सहारवा नू हो॥
हे मोरे जीनगी के फूलवा रतनवा तऽ बंद खुलै सभी दरवाजा नू हो॥
घनश्याम दास हंस लगवले हवै नेहिया तऽ अरमां पुरैहै गुरु महराजवा नू हो॥

(20)

गुरु रविदासजी से पूछे मिर्जापुर की नारी।
बता दऽ बबुआ, लोगवा देत काहे गारी।
तोहरा से पूछूँ मैं, हे धन निरंकारी।
संदेश उपदेश देलऽ, कला कामिनी निहारी॥ बता दऽ···
तू तऽ संत शिरोमणि, पूजावे जगसारी।
साधुवन के संगवा, घुमावे बहना प्यारी।
तुही आदि कवि हवै, गुरुमुखी बिस्तारी।
जहाँ-जहाँ जाला तहाँ-तहाँ घरवा उजारी॥ बता दऽ···

प्रेमा भक्ति ज्ञान बाँटि, रोज फँसावत नारी।
सगुनि सुधा कमाली झाली, मीरा को बिगारी।
हे मोर जीनगी के फूल हे निरंकारी।
सरल सतनाम पंथ सरकारी पुजारी॥ बता दऽ···
ऊँच-नीच जाति धरम भेदवा बिगारी।
ढोंगियन के ढोंग, आ पाखंडवा उजारी।
'हंस' जी सजाए गीत पार्वती बलिहारी।
कंचन के गच शोभै, मरकत कियारी॥ बता दऽ···

(21)

गुरुधाम हमरा के कब ले बुलईब, हे मोरे जिनगी के फूल।
पैया परू तोरी निसि दिन गुरुजी, कईले-त विनती कबूल॥
हे सतनामी बाबा सुन-ल अरजीया। मरजीया में काहे बोव-ल बबूल।
राहजन रोके हमरी डगरिया। पगरिया झूकि-त टूटि तोरी चूल॥
नूर की बरखा तन धोई रहनी, करनी करी बचई-ब कूल।
जहवाँ रहमत को छाई बदरिया, चदरिया मिटइ-ब गुनाह समूल॥
संत रहनुमा रविदास हमारे, दुलारे सभको सतनामी वसूल।
अंखियामा सुरमा बना के लगइती, पइती जो गुरुवर चरनिया के धूल॥
जहवा हूरो की लागी बजरिया, निवरिया कस्ति चलै अफला तूल।
'हंस' देख आओ गुरुवर नगरिया, बखरिया निःछल खिलते फूल॥

(22)

शिरोमणि सम्मान समारोह हुआ, भंग मोह हुआ दूजे सोहरत हुआ।
गुरु सर्वश्रेष्ठ कौन बताओ सही। रविदास की राधा छिपाओ नहीं॥
राजन दुष्ट हटाओ जलाओ मुआ। शिरोमणि सम्मान समारोह हुआ॥ 1॥
शालीग्राम तिराके बुलाएगा। तख्त संत शिरोमणि पाएगा।
वही देगा उपदेश संदेश दुआ॥ शिरोमणि सम्मान समारोह हुआ॥ 2॥
धन निरंकार सतनाम गहा। शालीग्राम नहीं समा अर्ज रहा।
चले लेते दुआ और देते दुआ। शिरोमणि सम्मान समारोह हुआ॥ 3॥

चौथा दसक पंद्रहवीं सदी। काठ के ठाकुर डूबे सभी।
क्या कोई श्रेष्ठ गुरु न संत हुआ। शिरोमणि सम्मान समारोह हुआ॥ 4॥
वीर संत मनीषियों की धरती पर। यशगान पुष्प बरसाता अंबर॥
राजन ऐसे न बोलो बद्दुआ। शिरोमणि सम्मान समारोह हुआ॥ 5॥
सोऽहं सतनाम लिख के स्वामी। शीला तिरा पुनि गोद में थामी।
संत शिरोमणि रविदास ताज हुआ। शिरोमणि सम्मान समारोह हुआ॥ 6॥
विजयी तिलक ताज पहनाई॥ कंधे पालकी विप्र उठाई।
सुत जन्मा जुलूस उत्साह हुआ॥ शिरोमणि सम्मान समारोह हुआ॥ 7॥

(23)

हे गुरु रविदासजी हम सबको तू सचखंड राह दिखानेवाले।
मानवता का पाठ पढ़ाकर कीचड़ से छान उबारनेवाले॥ टेक॥
राम सतनाम साधों प्रणेता, ज्ञान-भक्ति आंदोलन जेता।
कुशल प्रशासक संत मंडली, ज्ञानाश्रयी पंथ चलानेवाले॥ हे गुरु.॥
वर्णाश्रम जाति-भेद ऊँचा-नीचा, द्विज क्रूरमिजाजी वतन सींचा।
मुसलिमकरण दीवानों को भी, समरसता पाठ पढ़ानेवाले॥ हे गुरु.॥
शिक्षा बंद द्वार खुला, दलित हीन हो या सब नारी।
स्त्रीशूद्रोनाधीयताम् को, सदा के लिए कुंद बनानेवाले॥ हे गुरु.॥
शाह सिकंदर गर्व तोड़ा, तोड़ा पत्थर दिल इनसानों का।
निर्भय सभा में जाकर गुरुवर राम सतनाम जगानेवाले॥ हे गुरु.॥
हे ज्ञानाश्रम पंथ प्रदर्शक, थे समष्टि के मार्गदर्शक।
संकटों से घिरे हिंद को, तुम्हीं थे छुड़ानेवाले॥ हे गुरु.॥
हे मोरे जिनगी के फूल, स्वामी करो विनती कबूल।
घनश्याम दास हंस के संदेश उपदेश को सजानेवाले॥
हे गुरु रविदासजी हम सबको तू सचखंड राह दिखानेवाले॥

(24)

जाग-जाग रविदास हो जगादऽ रविदासजी।
मेरे गुरु रविदास रविदास रविदासजी॥ टेक॥

आदि गुरु रविदास आदि कवि रविदास।
जगद्गुरु रविदास सद्गुरु रविदास॥
भक्ति आंदोलन जगाये, प्रेमा-भक्ति रविदासजी॥ जाग…
ज्ञानदाता रविदास, न्यायदाता रविदास।
विद्यादाता रविदास, दीक्षादाता रविदास॥
समरसता समाज बनाए, सोऽहं रविदासजी॥ जाग…
योद्धा वीर रविदास, वैष्णव धीर रविदास।
मुसलमाँ पीर रविदास, सिद्ध फकीर रविदास॥
सभी धर्मी बाग्वा के गुरु रविदासजी॥ जाग…
सभी पुरानी रोक ढहाए, नर नारी पढ़ने को पठाए।
स्वयं सहभागिता दिलाए, खूनमिजाजी को मिटाए॥
अबला प्रतिबंध नसाए, वैदिक रविदासजी॥ जाग…
मुसलमाँ ईमान जगाए, हिंद राष्ट्र बचाए।
सामंती शोषण भगाए, विद्यालय दलित पढ़ाए॥
मकतवा मदरसा खुलवाए, राजशाही रविदासजी॥ जाग…
ढोंग-ढकोसला ढहाए, ऊँच-नीच भेद मिटाए।
एक ही पाँति बैठाए, लंगर सबको छकाए॥
'हंस' वर्ण खात्मा कराए, शब्दभेदी रविदासजी॥ जाग…

(25)

सभी धर्मों के बचवले ईमान गुरुवर।
गुरु रविदासजी अेह देशवा के परान गुरुवर॥
ऊँच-नीच-भेद मिटवले। वर्ण जाति द्वेष नशावले।
सती प्रथा उखड़ले। सतनाम बीज रोपले।
अपना हिंद के बचवले सीना तान गुरुवर॥ सभी.
ज्ञानाश्रम स्थापित कइले सबका मान साबित भइले।
एक राह इक ईश लखवले एक टाट सबको बैठवले॥
खूब छकवले लंगर समता के निशान गुरुवर॥ सभी.
भक्ति आंदोलन गुरु चलवले। ज्ञान यज्ञ कल्याण रचवले॥

राष्ट्रीय एकता बनवले। बंधुत्व भाव उपजवले।
समरसता न्याय जेकर जानेला जहान गुरुवर॥ सभी.
हिंदू मुसलमाँ खाई पटले, पीर सदना सतनाम रटले॥
है समय के गुरु सभी भजले, भिन्नधर्मी आ दीक्षा लिहले।
जग जनमानस पटल पर छवले, दिहले शांति प्रदान गुरुवर॥ सभी.
गुरु सदुपकार व्यवहार उतरले। संत शिरोमणि ताज पुजवले।
कृपालु सुधासुत जियवले। करिश्मा क्रांति अनेक दिखवले॥
हंस को नूर लखा के सतनाम दिहले पहचान गुरुवर॥ सभी.

(26)

ऊँच-नीच आस्था, वर्णवादी व्यवस्था, समाज सुधारक निज हैसियत कही माना।
भक्ति आंदोलन ठुकराया, गुरु रविदास गुमाया, निर्गुण राम सतनाम महिमा नहीं जाना॥
भक्ति मणि मकरंदा, अथरा तोपी चंदा, तोपी न सकै तब आधी चिनगारी बखाना।
हंसजी जूठा, वर्णवादी अनूठा, हाय-तौबा घसीटाता, जहाँ वर्णवादी कील मजबूत बनाता॥
चतुर्वर्ण लहि नूक्ता जन्मना जाति पूख्ता, भेदपरक ऊँच-नीच नीति पनपाता॥
गुरु रविदास चेताया, दास हंसजी गाया, बनो न लकीर फकीर गुलामी जंजीर बढ़ाता।
इक सबको आत्मा, करो वर्ण खात्मा, एक परमात्मा सृजन है समरसता लखाता॥

(27)

सर्वव्यापी सर्वानंद ब्रह्म, त्वरित ऊर्जा की सूक्ष्म गत्ता है।
मनोनुकूल विकास करने को, अलग जीवों को देता सत्ता है॥
ब्रह्म सत्व है ब्रह्म तत्त्व है, जड़ तत्त्वों में ब्रह्म महत्ता है।
प्राण तत्त्व आत्मा के बिना, कहीं हिलता न कोई पत्ता है॥
प्राण का स्थूल रूप नहीं, प्राण वायु कहलाता है।
ब्रह्म का कोई स्वरूप नहीं, व्याप्ति सर्वत्र नजर आता है॥
जीवात्मा अंग विशेष नहीं, संपूर्णता परचम फहराता है।
अपनी सारी कोशिकाओं में, जीव ब्रह्मानुराग गाता है॥
शायद प्राण कहीं होता नहीं, वह स्वतः प्रकट हो जाता है।
पंचतत्त्व महासंतुलन में वह, प्राण प्राणवान हो जाता है॥

संपूर्ण ब्रह्मांड के सभी पदार्थ, अनमोल दिव्यता दरसाता है।
हर जीव में शिव व्याप्त शक्ति, 'हंस' पूज्य ममता कहलाता है॥
कर्म अविद्या को समझा सच विद्या, पशुबलि मूर्ख कराता है।
स्वर्गप्राप्ति न प्राणिबंध साधन, क्यों आसक्ति में पुण्य गवाता है॥
जिसने ॐकारस्वरूप जीव में देखा, सर्वत्र भक्ति का नाद जगाता है।
'हंस' अहिंसा परमो धर्मः सम्यक् दृष्टि ज्ञान अपनाता है॥

(28)

कर लो मुक्ति का कोई जतन प्यारे, भला होगा भजन सत्संग से।
भला होगा, भला होगा, भला होगा, भजन सत्संग से॥ टेक॥
मदिरा मांस मद्य व्यभिचारा, चोरी हिंसा नशा झूठ सारा।
है घृणित कर्म सुनु राज दुलारे, भला होगा भजन सत्संग से॥
काम क्रोध मद लोभ जला के, मन वचन कर्म निर्मल बनाके।
भक्ति आत्मा से कर लो प्यारे, भला होगा भजन सत्संग से॥
गुरु गोविंद झाँकी लखाके, अँखियों की पलकों में बिठाके।
कर लो हरि का गुणगान प्यारे, भला होगा भजन सत्संग से॥
मानव ममता सर्वोच्च सँवारो, नेकी कर दरिया में डारो।
दुखिया 'हंस' उबारो प्यारे, भला होगा भजन सत्संग से॥

(29)

वरणेश्वर वरदायक नायक! हे स्वामी सद्गुरु रविदास।
ज्ञानाश्रम काशी के बासी! ना मोही करो निराश॥ हे.॥
ब्रह्मवादक गुरु गोहराऊँ, कमल चरण रज रंग रँगाऊँ।
दरस सरस स्नेह लगाऊँ, न मोही करो निराश॥ व.॥
काम क्रोध माया मद्य रूझे, रात अँधेरी राह न सूझे।
मैं हारा थका पुकारूँ तुझे, भटकत रहत उदास॥ व.॥
दासन दास से युक्त बिहारी, संसय भरम विदारन हारी।
फिर भी न पाया दरस तुम्हारा, कैसी लीला रचि अविनाश॥ व.॥

(30)

भारत अपनी माता है, युगो युगो से नाता है।
जो भी सुत है भारत माँ का, इक दूजे का भ्राता है।

अगड़ा-पिछड़ा क्या होता है, सब है ईश्वर की संतान।
शबरी केवट ने पाया था, राघव से पुरा सम्मान॥
हाथ पकड़ आगे कर दो, पिछड़ा अगड़ा हो जाता है।
जो भी सुत है भारत माँ का, इक दूजे का भ्राता है॥

वर्ण गोत जाति व्यवस्था से, लूटा भारत का सम्मान।
अस्पृश्यता हर हृदय बिठाकर, अगड़ा स्वयं बना शैतान॥
मानव का अपमान करके, समरसता एकता ठुकराता है।
जो भी सुत है, भारत माँ का, इक दूज का भ्राता है॥

तीन वर्ण है कक्षा श्रेणी, वैश्य क्षत्रि ब्राह्मण।
ऋक साक्ष्य मिटा शूद्र उपजाया, दाग लगाया दामन॥
बनाकर गुलाम शिक्षा रोका, पशु से बदतर रौंद सताता है।
जो भी सुत है भारत माँ का, इक दूजे भ्राता है॥

भेद भाव की सब दीवारे, एक-एक कर टूटेगी।
मधुर प्रेम की रस धाराए, हृदय हृदय में फूटेगी॥
हर शैतानी चाल मिटेंगी, अपने साथ विधाता है।
जो भी सुत है भारत माँ का, इक दूजे का भ्राता है॥

(31)

श्री जल्ला हनुमान सामिप्य का, लोभ अपना साध लिया।
अर्पित कर सर्वस्व चरणन में, नाता तुम संग बाँध लिया॥
अपने सत्कर्म भाग्य बदला, तुमने जो अधिकार दिया।
अविनाशी सर्व व्यापक वर से, मेरा जो विवाह किया॥

सुमन चढ़ाई माला पहनाई, भागवत भोग चढ़ाता।
भक्त रजामद करी खुशामद, आशीर्वादी तिलक लगाता॥
तन-मन-धन करी अर्पण प्रभु को, नित हरि चरणामृत पीया।
अविनाशी सर्वव्यापक वर से, मेरा जो विवाह किया॥

धन्य घड़ी वह धन्य अगुआ, धन्य किशोर कुणाल।
मतिहीन दिव्यांग हंस को, दिया नरक से निकाल॥
न्यास पर्षद प्रतिनिधि/अर्चक, अंतर्यामी चीर सिया।
अविनाशी सर्वव्यापक वर से, मेरा जो विवाह किया॥

अनुगम्य अलौकिक ब्रह्म, शीतल दिव्य ज्योति लखता।
विराज रहा वह मेरे घट भीतर, रहा हरदम नाद बजाता॥
अमन चमन बगिया खिलल, पद्मासन बैठे मेरे हिया।
अविनाशी सर्वव्यापक वर से, मेरा जो विवाह किया॥

प्रकाश स्वरूपी ब्रह्म का दर्शन, घट भीतर जब हो जाता।
नहीं प्रयास हंस करना होता सहज ध्यान लगी आता॥
मेरे पिता श्री सद्गुरु स्कसी, अलख जगा उबार लिया।
अविनाशी सर्वव्यापक वर से मरा जो विवाह किया॥

(32)

वन्दौं कर्मारघु लाल लाडले, जगद् गुरु रविदास जी।
आदि गुरु बाबा कवष ऐलूष, आदि पुरुष महिदास जी॥
दे संस्कार हरीही झमेला, दादा गुरु हरिदास जी।
जगत पुजौले पाँव आपना, स्वामी गुरु रविदास जी॥

चरणामृत का नेह लगाकर, समरसता पाठ पढ़ाता।
कठीन परिक्षा पथरी तिराकर, स्वर्ण पालकी बैठ इठलाता॥
राजगुरु रहे संत शिरोमणि, स्वयं दिवा परकास जी।
जगत पुजौले पाँव आपना, स्वामी गुरु रविदास जी॥

रामानंद प्रभाव है कितना, रविदास की सुपारी आंका।
माँ गंगा से एक कङ्गन पाके, राह बीच पंडाडाली डांका॥
दूसरी जोड़ी दे पण्डा को, काटी गले का फांस जी।
जगत पुजौले पाँव आपना, स्वामी गुरु रविदास जी॥

एकतारा पाकर मीरा जी, गिरधर गोपाल गीत गाई।
सती होने बचाकर उनको, प्रेमा-भक्ति राह दिखाई॥
समरसता के पथ घुँघुरू बाँध, सतनामी रचाई रास जी।
जगत पुजौले पाँव आपना, स्वामी गुरु रविदास जी॥

पुरोहित से आज अछूत क्यों, बाबा घनश्याम दास जी।
न्यास पर्षद प्रतिनिधि/अर्चक, जल्लामहावीर मंदिर खास जी॥
शीघ्र देकर न्याय मुक्त करो, करो नहीं हंस उदास जी।
जगत पुजौले पाँव आपना, स्वामी गुरु रविदास जी॥

(33)

गुरु कबीरदास जी महाराज

वन्दऊ साहब कबीर बाबा, परम ज्योति अनामी।
लहरतारा सर मंडुआडीह, काशी धाम जामी॥
ज्येष्ठ शुक्ल पक्ष पुर्णिमा को, प्रकट भयो है स्वामी।
नीरु-नीमा के नयनतारा, साहब कबीर अन्तर्यामी॥

शिशु सुन्दर मुखड़ा राजत तेज, माँ कर्मा क्षीर अघायो।
चलत बकैया कबीर साहब, अंगूली पकड़ रविदास चलायो॥
नन्हे-नन्हे कर पग घुंघरु बाजत, हम साथिया संग खेलन धायो।
रवि पद चिह्नों पर चला कबीर, स्वयं दूध का लाज निभायो॥

माता-पिता को मिला उलाहना, फिर भी जाति-भेद नहीं माना।
हम साथिया रविदास संग में, पाखण्ड मिटाने को ठाना॥

चल पड़े कठोर विकट पथ पर, मानवता को दे पहिचाना।
तभी लोई से करा दी शादी, दाम्पत्य सूत्र बांध मर्दाना॥

कबीर रंग में लोई रंग गयी, वह बनी वैरागिनी आला।
कदम से कदम मिलाकर चलती, जलती थी ज्योति निराला॥
वर्ण व्यवस्था मुस्लिमकरण है, मानवता पर दाग काला।
हिन्दू मुसलमां को फटकार लगाकर, खोला बंद अक्ल का ताला॥

रुढ़ जाति-प्रथा दाग मिटाने का, किया संकल्प भारी।
निम्न परिस्थिति में जन्मे लोगों को, इकट्ठा करि संतन ललकारी॥
सामूहिक कीर्तन करि लंगर छकते, सतनाम राम-राम गुहारी।
ऊँच-नीच देश पाखण्ड मिटाया, संत किया आन्दोलन भारी॥

मद्दीनसीन गुरु रविदास बाबा, क्रान्तिकारी कदम उठाया।
सातो जोनो-कलकत्ता से काबूल तक, कबीर ध्वज फहराया॥
नामदेव धन्ना सैन त्रिलोचन, पीपादि साज सजाया।
शब्द पुत्री-पुत्र कमाली-कमाल, भक्ति आन्दोलन कमाया॥

साधो सम्प्रदाय अचल खजाना, सभी संतो ने कमाय सवारी।
सिकन्दर लोदी सेख तकी ईब्राहिम, बाबर लिया परीक्षा भारी॥
अंतत: पीर रूप स्वीकार किया, साहब कबीर की महिमा निखारी।
सन् पन्द्रह सौ सत्रह ईसवी में, साहिब गोदी समाय मगहर तारी॥

जहाँ सिमरन भजन नहीं होता, वहाँ आकर बिकार दबा लेता।
सतनाम-हरि नाम राम सिमरण, साध संगति बरक्कत देता॥
सोई मानव ममता फूलवारी सींचा, गुरु रविदास-कबीर जेता।
विनयत घनश्याम सुनो भाई साधो, संघ के 'सतनाम धर्म' प्रणेता॥

(34)

प्रातः स्मरणीय संत प्रवर श्री श्री 1008 स्वामी शोभनाथ दास हंसजी महाराजा को शत शत बार नमन।

चालीसा

वन्दौं बाबा शोभनाथ निरमल करु मन लाय।
सफल होए काज सभी, दया करौ तुम आय॥

वन्दौं रामानन्द रविदासा। स्वच्छ प्रेम भगति परकासा॥
परमारथी गुरु शोभनाथा। परमपूज्य नित टेकी माथा॥
जन्मौं उन्नीस सौ उन्नीसा। सात अगस्त प्रभात मनीसा॥
माँ सहोदरी गोदी जाये। पिता शिवलखन मोद मनाये॥
बचपन भयो वाम विधाता। मातु स्नेह से वंचित ताता॥
मामा स्नेह बढ़े बल धामा। कस्तूरबा वर पहिनी जामा॥
स्वतंत्रता समता सम्माना। मानव अधिकार नीति जाना॥
संत विद्वान संगति हर्षायी। सद्गुण भण्डार स्नेह बढ़ायी॥
दीन्हौं दर्शन सद्गुरु बाबा। महरो रखे कमंडल ढ़ाबा॥
खिलते सुमन प्रेम अनुरागे, अनहद शब्द झंकारन लागे॥
विरागी मन गोविंद सुहाये। राम नाम सतनाम जगाए॥
गुरु लक्ष्य को नित ध्यावा। विषय विकार का नगर जरावा॥
अयोध्या गया मडेसर धाई। ऋषीकेश अनंत सुख पाई॥
अर्चक आप गुप्तेश्वर देवा। बाबा प्रताप सानिध्य सेवा॥
गुप्तगुफा, सिद्धि शीश नवावा। पूरण ब्रह्म दर्शन पावा॥
आध्यात्म सद्ज्ञान बढ़ावा। परमारथ हित रास रचावा॥
उन्नीस सौ सतहत्तर आगा। ज्ञानाश्रम कुटी अनुरागा॥
हरि ओम जागरण करवाया। धूनी बाबाजी सुलगया॥
महरो गाँव सुखद सर पावन। हंस आश्रम अति मन भावन॥
माँ कस्तूरबा स्नेह निहारा। ओंकारेश्वर गुरु हमारा॥
संत सेवा सम्मान गहाये। दर्शन आशीर्वादी पाये॥
सतनाम धर्म गुरु रविदासा। ओम् सोऽहं मनोहर खासा॥
युग पुरुष रविदास लखाये। सूर्यवंशी समझि न पाये॥

बोधिसत्त्व अंबेडकर वाणी। रहते गुरु नहीं चेता प्राणी॥
दूसरों की गुलामी करता। महानर्क जा गिर मरता॥
सर्वश्रेष्ठ सतनाम प्यारा। चॅवर नहीं, सूर्यवंश न्यारा॥
माँ को खोज बालक आता। भटकत पथ रहा बिलखाता॥
शत नारि बीच शिशु सल्लू। गया गोद खींचि आँचल-पल्लू॥
नन्हा मुन्ना हँसता हँसाता। अपनी ही माँ के गोदी जाता॥
यही धर्म अब भी अपनाओ। निज महापुरुष मान बढाओ॥
ज्ञानाश्रयी सतनाम वरो। गुरु रविदास ओम् ध्यान करो॥
दे उपदेस संत सुजाना। साधक गुरु श्री हंस महाना॥
बिस सौ दो, दिसम्बर इकतीसा। लिये निरवान लाभ मुनीसा॥
तुम गुरुवर गुरु तुमहिं समाये। दरस तेरा हर कष्ट मिटाये॥
प्रभु प्रकास प्रभा रहती। जबतक गंगा जमुना बहती॥
अचल रहेगा तुमसे नाता। तुम हो मेरे गुरु पितु माता॥
मैं अज्ञान ज्ञान नहिं जानू। आपके गुण के ही भाँति बखानूँ॥
बालेपन संस्कार जो पाई। दुःख दारिद्र शोक मिट जाई॥
जो यह पाठ करै मन लाई। परमानंद सहज सुख पाई॥
तुम सद्बुधि बल विद्या दाता। विमल भगति मोहि देहु ताता॥
वन्दौं स्वामी शोभनाथ, दई अमोलक ज्ञान।
चालीसा संध्या करौ, धरि हृदय नित ध्यान॥

(35)
आरती

आरती कीजै गुरु स्वामी की। ओंम् सोऽहं सतनामी की॥
जय ग्यारह ओंम् प्रणामी की। आरती कीजै गुरु स्वामी की॥
वन्दौं कवष ऐलूष महिदासा। चॅवर चमुंड चेता हरिदासा॥
जय गुरु रविदास आगामी की। आरती कीजै गुरु स्वामी की॥
शिवलखन सुत सहौदरी नंदन। शो[illegible] दास हंस करु वंदन॥
जय तपसी संत निष्कामी की। आरती कीजै गुरु स्वामी की॥
ओंकार जप करता निहाला। सोऽहं पुंज ज्योति विशाला॥
जय सच्चिदानंद गामी की। आरती कीजै गुरु स्वामी की॥

उज्ज्वल दीप तेज उजियारी। अष्टकमल दल आसन मारी॥
जय जय गुरु करुणाधामी की। आरती कीजै गुरु स्वामी की॥
तथागत बुद्ध नमामि नमामि। बोधिसत्त्व अंबेदकर स्वामी॥
जय सरनानन्द प्रणामी की। आरती कीजै गुरु स्वामी की॥
सन्त असन्त अनन्त अनामी। उपजै हिय ज्ञान आगामी॥
कष्ट मिटै खल कामी की। आरती कीजै गुरु स्वामी की॥
'घनश्याम' शुभ आरती गावै। मन वांछित फल सो नर पावै॥
जय सद्‌गुरु अंतर्यामी की। आरती कीजै गुरु स्वामी की॥

(36)

स्तुति

वरणेश्वर वरदायक सचखंड विनायक करुणाकर पालनहारी।
सूर्यकुल सहारा चँवर वंश अवतारा, गुरु रविदास सदाचारी॥
परमारथी गांसा शोभानाथ दासा, सतपुरुषन बलिहारी।
उन्नीस सौ उन्नीसा सतनामी जगदीसा, सात अगस्त अवतारी॥

शिवलखन ताता सहोदरी माता, मुदमंगल मोद पुनायो।
संत मत सतनामी मां कस्तूरबा प्रणामी, ममता फूल उगायो॥
खिला हिय मंडल अष्टकमल दल, सहज समाधि लगायो।
हरि ओम् श्वासा जपि रविदासा, सनमार्ग स्वयं तपायो॥

सद्‌गुरु सर्जक गुप्तधाम अर्चक, संतन मर्यादा बढायो।
सुबास स्पर्शन अम्बेडकर दर्शन, बाबू जगजीवन जगायो॥
सुखद पर पावन अति मन भावन, आश्रम कुटी बनवावो।
जागरण करवाया धूना सुलगाया, अमिय वाणी बरसावो॥

दशो नेह जोरी करु विनती तोरी, पूरण करहु आश सब ताता।
तेरो नाम पतवार जीवन तेरे आधार, जुटा तुझसे नाता॥
हमें अपनाओ सत्पथ दिखाओ, आप हो गुरु पितु माता।
सहि उपहास घनश्याम दास, हंस के हो ज्ञान दाता॥

(37)
भजन

नयन पट खोलो, नयन पट खोलो, नयन पट खोलो, ये बाबा।
करि देहु हमरो उद्धार, नयन पट खोलो ये बाबा॥ टेक॥
छवि बाबा कहो या कहो शोभा बाबा, या शोभनाथ पुकार।
अयोध्या गया गुप्ताधाम मडेसर अनेक आश्रम किया सुधार।
दिहल सर्वत्र समता निखार नयन पट खोल ये बाबा।
करि देहु हमरो उद्धार, नयन पट खोलो ये बाबा॥ नयन.॥
सामाजिक न्याय समरसता उगाही, उगाही श्रम साधक पगार।
शान्ति सद्भावना क्रान्तिपथ रहले रहले स्वयं सद्गुरु अवतार।
दीनन के दिन हंस करि उपकार नयन पट खोल हे बाबा।
करि देहु हमरो उद्धार, नयन पट खोलो ये बाबा॥ नयन.॥
मानस यज्ञ गीता मर्मज्ञ प्रेम की गंगा बहाते।
सद्गुरु सर्जक गुप्तधाम अर्चक सबै सन्मार्ग गहाते।
पावन पवित्र स्वामी हंस उद्गार नयन पट खोल ये बाबा।
करि देहु हमरो उद्धार, नयन पट खोलो ये बाबा॥ नयन.॥

(38)
बाबा हंसजी

वन्दऊं गुरुपद पंकज, सुमन खिला अनजान।
चरण पड़े गुरुवर जहां, सो वैकुण्ठ समान॥
अटपट वाणी हंस रचि, चालीसा शुभगान।
कृपा करो गुरुदेव मम, देहु अभय वरदान॥

वन्दौं चरण कस्तुरबा माता। जय स्वामी शोनाथ ताता॥
घर महरो मोहनियाँ पासा। रवि दिन पुनम कार्तिक मासा॥
अट्ठारह नवम्बर अनुरागा। सन् उन्निस सौ छप्पन लागा॥
जन्मोत्सवो सुमन कचनारा। घनश्याम दास हंस दुलारा॥
बालक हंस भक्ति जिद ठानी। ठाकूर पूजन संत अगवानी॥
ब्रह्मचारी व्रत पुनीता। दस पुराण रामायण गीता॥

मोहन माधव कृष्ण कांधा। माँ-पिता हंस शादी बाँधा॥
सद्गुरु सरनानन्द कांसी। भव बन्धन मुक्त करि तिरासी॥
भोरे आये हनुमत लाला। बाय गदा दाहिन कर माला॥
स्वरूप दर्शन हंस अकुलाये। बांह गही नभ मण्डल धाये॥
सतयोजन नभ सैर कराई। क्षितिज पर जा कहि कपिराई॥
यहि मैं रहूं यहां से जाओ। अपनी राह स्वयं बनाओ॥
हंस चकित सुनि हनुमत बानी। अनुनय विनय करतु सनमानी॥
ग्यारहवें ओंम शिव स्वरूपा। हनुमत तोरि महिमा अनूपा॥
जहं से आया वहीं पहुंचाओ। छल करि हमे न दूर भगाओ॥
करो कर्म अरु नेक कमाई। सच्च साथ रहुं तेरे भाई॥
वचनबद्ध गुरु होय हनुमन्ता। कीन्ह बिदा घनश्याम तुरन्ता॥
वन कदली कुंजर हरसायो ता बीच हंस दर्शन पायो॥
नींद टूटी रहा न अबेरा। जब तू जागे तभी सबेरा॥
कुल परिवार लाज सब त्यागी। प्रभु खोजन चला वीतरागी॥
हरिद्वार उज्जैन प्रयागा। गुरु रविदास आखड़ा जागा॥
सतपथ जाय चढ़ा अनुगामी। गद्दीनसीन बनाया स्वामी॥
बिहार राज्य धार्मिक आला। न्यास पर्षद किशोर कुणाला॥
घनश्याम दास हंस लखाया। न्यास पर्षद प्रतिनिधि बनाया॥
अर्चक बना सुनियुक्ति कीन्हा। जल्ला हनुमत अधिकार दीन्हा॥
जीर्णोद्धार जिम्मेदारी लाई। अक्षय तृतीया मण्ड पाई॥
श्रद्धा विश्वास ज्योति जलाई। लाखो श्रद्धालु दर्शन आई॥
भोग लगा परसाद चढ़ाते। आशीर्वादी तिलक लगाते॥
हंस को पुनः स्वरूप लखावा। जल्ला हनुमत सामिप्य पावा॥
पटना संत समागम जेता। मोहन भागवत संघ नेता॥
मुख्य पुजारी हंस बनायो। जाति मुक्त समाज जगायो॥
हनुमत मंदिर निर्माण अधूरा। करहि बाबा हंसजी पूरा॥
पंचम साल रहा नियराई। निर्माण काज पूरण को जाई॥
प्राण प्रतिष्ठा संपन्न आगा। समरसता में कु-भेद लागा॥
जल्ला हनुमत अरजी लगाता। मैं बालक तुम ज्ञानी दाता॥

तू शिव में शिव तुझमे समाये। दरस तेरा हर कष्ट मिटाये॥
कण-कण में छवि बसी तुम्हारी। करना रक्षा नाथ हमारी॥
बिगड़ी बात सुधारियो, सब अपराध दुराव।
परमारथी सेवारत, हंस जी जल्ला गांव॥
संध्या वन्दन नित करे, रहे गुरु के छांव।
ज्ञान बढ़े गुण उपजे, पावे हरि पद ठांव॥

(39)

भजन

वन्दौं साहिब सत् गुरु सरकार, अमृत बरस रहा है।
बाबा हंस से कर लो प्यार, अमृत बरस रहा है। टेक॥
सच्चा सबको ज्ञान मिलेगा, ज्ञान मिलेगा नाम मिलेगा।
सच्चा है गुरुवर सरकार, अमृत बरस रहा है॥ वन्दौं···
कैमूरांचल, ज्ञान पसारे, प्रेम भरे मन से पधारे।
अर्चक जल्ला हनुमत दरबार, अमृत बरस रहा है॥ वन्दौं···
भजन कीर्तन होये सत्संगा, बहती जहां ज्ञान की गंगा।
चलो महरो साहिब द्वार, अमृत बरस रहा है॥ वन्दौं···
जो कोई जाने वे ही माने, इनको क्या कोई पहचाने।
हंस जी है सद्गुरु अवतार, अमृत बरस रहा है॥ वन्दौं···
जो आता बन के सवाली, कभी न जाता कोई खाली।
श्री सद्गुरु महिमा अपरम्पार, अमृत बरस रहा है॥ वन्दौं···

(40)

बिहार प्रांत कैमूर जिला, मोहनियाँ महरो ग्रामा।
माता कस्तूरबा चँवर वंश, पिता शोभनाथ घर जामा।
ले के अपनी गोद में, सोन गंगा ने पाला।
स्नातक प्रतिष्ठा प्रथम श्रेणी, हंस प्रेस सधे निवाला॥
कवि सम्मेलन में पहना, पुरस्कारों की माला।
राष्ट्रपति पुरस्कार सफल, मिला सम्मान आला।

ईर्ष्या द्वेष रूढ़ि भेद-भाव, जाति जहर को धोया।
शांति अहिंसा प्रेम पुजारी, मानवता बीज बोया॥
कैमूर, धनबाद, पाटलिपुत्र, पटना सिटी, बेगमपुर जूमि।
सांस्कृतिक ज्ञान गरिमा की, जाग्रत सुंदर भूमि॥
न्यास पार्षद प्रतिनिधि बनके, समता पाठ पढ़ाया।
श्री जल्ला महावीर मंदिरमा, सेवा भोग लगाया।
मुख्य पुजारी पटना साहिब, हनुमत चरणन अरदासा।
उपनाम विख्यात 'हंसजी' ध्यानरत घनश्याम दासा॥

शुभ संदेश

* बचपन में विद्या पढ़ें—संस्कार कमाएँ। जवानी में सुकर्म करे—धन कमाएँ। बुढ़ापे में दया करें—पुण्य कमाएँ।
* माता-पिता भगवान् से बढ़कर होते हैं। अत: प्रात:काल प्रणाम कर उनसे आशीर्वाद लो। वृद्धावस्था में उनकी सेवा करो तथा बेसहरा को सहारा दो।
* अपने माता-पिता तथा गुरु की आज्ञा का पालन करो, जो वे कहते हैं, वही करो, अगर आप उनकी बातों को नहीं मानते हैं तो अपने हाथों पर यह लिख लें कि भविष्य में इसका परिणाम बहुत बुरा होगा।
* मनुष्य में तीन गुण हैं—आशा, विश्वास और दान। कर्तव्य-निष्ठा की दृढता ही आशावान् है, प्रभु पर सदैव विश्वास रखो तथा कमाई का दसवाँ हिस्सा दान करो।
* मद्यपान, खैनी, बीड़ी, पान, गुटखा, शराब, भाँग, गाँजा, चरस तथा सिगरेट आदि नशीली वस्तुओं का सेवन न करें। ये आपकी आयु को काटते हैं, शरीर का नाश करते हैं। सदैव इसका त्याग करें।
* सदा सत्य बोलो, चोरी, व्यभिचार से बचो, जीव हिंसा न करो, शाकाहारी तथा सदाचारी जीवन जीओ।
* मानसिक हीनता को त्यागो, शिक्षित बनो, संगठित होओ और हक के लिए संघर्ष करो।

□

8

लोक गीत

(1)

अतीत से चमकता धर्म का मोती, सतनामों का खड़ा स्यंदन है।
आज भी वैदिक ऋचाएँ करती, शुद्र द्रष्टाओं का पद वंदन है॥ टेक॥

विकसित वैदिक शास्त्र पुरोधा, शूद्र ऋषिकाओं सहित महापंडित है।
ऋक् ऋजु साम अथर्ववेद में, ऋषि शूद्रों की महिमा मंडित है॥
स्वास्तिवाचन आशीर्वाद दमकता, वह हर पात्रों में शुद्ध कंचन है।
आज भी वैदिक ऋचाएँ करतीं, शूद्र द्रष्टाओं का पद वंदन है॥

सब वेद शास्त्र पुराणों में, शूद्र ऋषियों की महती महिमा है।
कवष ऐलूष, महिदास ऐतरेय शक्ति, दीर्घतमा रिसि गर्वित गरिमा है॥
कक्षीवान, काण्वायन क्षैमि, रैक्व, सत्यकाम जाबाल शूद्र नंदन है।
आज भी वैदिक ऋचाएँ करती, शूद्र द्रष्टाओं का पद वंदन है॥

अतीत के वैश्य क्षत्रिय ब्राह्मण, गुरुकुल कक्षा श्रेणी है।
कर्म आधार सृजे सुंदर समाज, स्वच्छता त्रिवेणी है॥
अपने निज कर्मानुराग बना, ब्राह्मण क्षत्रिय वैश्य शुभ चंदन है।
आज भी वैदिक ऋचाएँ करती, शूद्र द्रष्टाओं का पद वंदन है॥

घनघोर युद्ध में क्षत्रिय को, ब्राह्मण ने मार सताया है।
कुपित कुंठित धर्माचार्य तभी, क्षत्रिय से शूद्र बनाया है॥
सिद्ध करिके जन्म आधार सताया, उपेक्षित शूद्रों का महाक्रंदन है।
आज भी वैदिक ऋचाएँ करती, शूद्र द्रष्टाओं का पद वंदन है॥

अलग समाज बना शूद्रों से, इनको अस्पृश्य कही द्विज साधा है।
नारी को देखा हेय दृष्टि से, छीना शील धर्म अधिकार बाधा है॥
घोषा अपाला गार्गी मैत्रेयी, ब्रह्मवादिनी ऋषिकाओं का यह मंथन है।
आज भी वैदिक ऋचाएँ करती, शूद्र द्रष्टाओं का पद वंदन है॥

गुरुकुल श्रेणी शूद्र प्रथम पंचजना, अतित भारत भूषण आला है।
क्रय-विक्रय करि मानव महानों को, कौन दासी-दास बनाके पाला है॥
कुपित कुंठित निज स्वार्थ में ब्राह्मण, किया सनातन धर्म का खंडन है।
आज भी वैदिक ऋचाएँ करती, शूद्र द्रष्टाओं का पद वंदन है॥ अ. 6॥

(2)

अतीत वैदिक पुरोहित ही तो, आज का सच्चा अछूत है।
ऋक् ऋजु साम अथर्ववेद में, उन सबकी गाथा पूत है॥ टेक

छुआछूत विधान अतीत न जाने, निष्पक्ष कर्म प्रभाव रहा।
शुद्र वैश्य क्षत्रिय ब्राह्मण सभा में, भाई सा समन्वय भाव गहा॥
बैठ एक टाट पर भोजन करते, 'हंस' परस्पर प्रेम अकूत है॥
अतीत वैदिक पुरोहित ही तो, आज का सच्चा अछूत है॥

कुशाग्र बुद्धि प्रखर प्रवक्ता ब्राह्मण, लडाकू योद्धा क्षत्रिय माना।
पोषण दक्ष बुजुर्ग वैश्य, कार्यहीन अज्ञानी शूद्र पहिचाना॥
हजार सदी बाद कर्मणा लाया, हंस जो जन्मना का दूत है॥
अतीत वैदिक पुरोहित ही तो, आज का सच्चा अछूत है॥

शुद्रा दासी बानर वेश्या, रेणुका धीवरी का नंदन है।
वाल्मीकि नारद पराशर वशिष्ठ, परशुराम व्यास वेद वंदन है।
उसी पुरोहित वंशज से आज, मूर्खों को लगता छूत है॥
अतीत वैदिक पुरोहित ही तो, आज का सच्चा अछूत है॥

जिसे सपनेहु कटु धूप न लागा, वह छाया का मर्म नहीं जाना।
आज जो न तपा धूप अपमान छूत, नहीं करता धर्म माधुरी पाना॥
'हंस' देखा कूप मंडूक व्यवस्था, खेला मुर्दों का भयानक भूत है।
अतीत वैदिक पुरोहित ही तो, आज का सच्चा अछूत है॥

दासी पूत महिदास ऐतरेय, किया ब्राह्मण ग्रंथ का प्रतिभासन।
ब्रह्मवेत्ता सत्काम जाबाल, आश्रम करता ब्रह्मज्ञान प्रकाशन॥
दासीपूत महर्षि कवष ऐलूष, वैदिक समारोह सत्र पुरोहित है॥
अतीत वैदिक पुरोहित ही तो, आज का सच्चा अछूत है॥

नीति भेद मानवता क्रय-विक्रय से, हुई कई बार गुलाम धरा हमारी।
ऋषि सनातन दृष्टांत दिखा के करता, सनातम धर्म का दोहन भारी॥
हंस आज भी समरसता नाहीं, सुधारक उद्धारक बीच मानवता च्युत है॥
अतीत वैदिक पुरोहित ही तो, आज का सच्चा अछूत है॥

(3)

लिखा पढ़ा विद्वान् न होते, तोते सा रटा वह मर्म न पावै।
जहाँ अंधविश्वास कठोर हृदय है, सत्य परख सपने न सुहावै॥
उनको नहीं अपना दिमाग होता, वह सोचन शक्ति को बिसरावै।
अनुपम अनुभूति हो जिसे धर्म की, निचहूँ से ऊँच ऋषि कहावै॥ 1॥

पढ़ा लिखा तो शोध करतु है, रक्षा करि धर्म अधर्म नसावै।
कबीर नामदेव नानक धन्ना ओहर, सगुनि सुधा कमाली मीरा गावै॥

गुरु रविदास उदार चरित्र जनमानस में, नर सोधी सोधी निज कर्म बनावै।
अनुपम अनुभूति हो जिसे धर्म की, निचहूँ से ऊँच ऋषि कहावै॥ 2॥

गुरुकुल कक्षा वर्ण जाति में पलटी, अब ऊँच-नीच भेद को अपनावै।
क्रय-विक्रय मानव महान् का करि, दासी-दास पाल विलास पनपावै।
तभी रविदास-प्रेमा-भक्ति आंदोलन, ज्ञान यज्ञ से देस बचावै।
अनुपम अनुभूति हो जिसे धर्म की, निचहूँ से ऊँच ऋषि कहावै॥ 3॥

वैश्य क्षत्रिय ब्राह्मण अतीत के, ये गुरुकुल की कक्षा ठहरावै।
वर्ण खात्मा अस्पृश्य उन्मूलन रोपी, सतनाम नारी शिक्षा सम्मान दिलावै।
ज्ञानाश्रम स्थापी समरसता रोपी, मानव कल्याण ईश लखावै।
अनुपम अनुभूति हो जिसे धर्म की, निचहूँ से ऊँच ऋषि कहावै॥ 4॥

धीवरी वेश्या डोमिन हलखोरिन, चमाइन पुत्र ये ऋषि रहावै।
व्यास वशिष्ठ विश्वामित्र पराशर, नारद जनम इतिहास बतावै।
छठवीं शताब्दी तक छुआछूत नहीं था, गुणी गुणवान सर्वत्र पुजावै।
अनुपम अनुभूति हो जिसे धर्म की, निचहूँ से ऊँच ऋषि कहावै॥ 5॥

महि कुंभ सियार पयस नयनादि श्रवणादि शब्द फरमावै।
सिया कुंभज लोमस रिसि राम पांडु और हनुमान बतावै।
कृतयुग त्रोता द्वापर आँख कान से, नारी भारी बच्चा उपजावै।
अपुनम अनुभूति हो जिसे धर्म की, निचहूँ से ऊँच ऋषि कहावै॥ 6॥

वर्ण जाति गोत पाखंडभेदी, परमानंद चिदानंद को ध्यावै।
अटूट नेम प्रेम के सने ब्रह्मासार, सीना फारी गुरु रविदास दिखावै।
ज्यौं सीना फारी 'हंस' हनुमान हिय में, सियाराम की मूरत, लखावै।
अनुपम अनुभूति हो जिसे धर्म की, निचहूँ से ऊँच ऋषि कहावै॥ 7॥

(4)

वंदउं वाणी विनायक हनुमत, उमा भवानी शिव शंकरदाता।
अतीत समता बुनियादी शिक्षा मधुर बोल एकता मुसकाता।
दासी सुत कवष ऐलूष महिदास ऐतरेय रहे ग्रंथ विधाता।
हंस चेता रघु रविदास रहसु को, किस कारण से नीच ठहराता॥

वेद करै दलितन्ह वंदनवा, शौर्य दमके दासिंह बेटन्हवा, हो देवन्ह के डेरवा, सरस्वती नदी तट मैदानवा, सोलह देवकुंड विधानवा, कैले यज्ञ अनुष्ठानवा।

अनेकानेक यज्ञ अनुष्ठान, सभी वेद जानेला विधान।
प्रभृति भृगु अंगिरा गान, है कवष ऐलूष महान्॥

दासी इलुषा के ललनवा, वैदिक ऋषियों में महानवा, कैले यज्ञ अनुष्ठानवा, दासी इतरा के सुगनवा, ब्राह्मण ऐतरेय कथनवा, शौर्य दमके दमदम हो। दासी बेटन्हवा हो देवन्ह के डेरवा कवष करिश्मा जहानवा, वेद स्रष्टा महानवा हो। भारत के शेरवा हो, देवन्ह के डेरवा।

ऋषि कवष ऐलूष दिव्य प्रभा, दमकता यज्ञ मंडप सभा।
सुर नर मुनि आ सत्य पगा, ऋषियन्ह पावे अभिष्ठ संपदा॥

ऋग्वैदिक ऋषि उफानवा, द्वेषी द्विजन तूफानवा, लूटै अन्न धन धरमवा, आकाशवृत्ति उपारो, कवष ऐलूषन मारो, निर्जल-निर्जन रेत मैदनवा हो भोजन के बेरिया। समरसता ओढ़ि चदरिया, ऋषियाँ कैले छल बाजिया हो, भोजन के बेरिया॥

अहंकारी वे पापी ऋषियाँ, मानवता का लहू पिया।
दहकता रेत निर्जल नदिया, कवष ऐलूष का घात किया॥

शून्य सुदुर भूमि में जागा, भूखा प्यासा दलित महानवा, देखै ब्रह्म के विधानवा, खोजै अन्न जल साधनवा, न मिला कैले रोधनवा हो भोजन के बेरिया।
ऋग्वैद झलके दोष निशानवा, छलिया लूटे तन मन धन धरमवा हो भोजन के बेरिया॥

शोक हर्षित वीराशन लगाया, निज मंत्रों से इष्ट जगाया।
सत चित परमानंद दरशाया, 'हंस' बिपुल सा जल बरसाया॥

सरस्वती नदी जलधार रोका, दासी इलूषा के ललनवा हो कैले यज्ञ अनुष्ठानवा, घेरी बहती कवष अैलूष स्थानवा, भैले परिसारक तीर्थ महानवा, हो भोजन के

बेरिया। चामूंड चेता रविदास विधानवा, मिटाके लूटल चहले खजानवा हो समरसता ढेरिया॥

उष्ण क्रोध में तपती मही, नदी सरस्वती में जल नहीं।
जाति पोषक ऋषिया दर्प ढही, करो क्षमा 'हंस' चरणन गही॥

सरस्वती जल सुधारो ऋषियन प्राण उबारो, जीवन दान दे वरदानवा, प्रधान पुरोहित बनो हमारे, ऋषि रक्षा करो महाराजवा हो, हम पूजब तोहरे चरनवा, झुकी माफी माँगे महानवा, समरसता झलके सगरी विधानवा हो, देवन्ह के डेरवा॥

सत् संतोष कर्मठ धीर, पर उपकारी दयालु वीर।
मुक्त किया थल गंगा नीर, सब ऋषियाँ पीव ही जल क्षीर॥

सर्वत्र होवे जयजयकार, धन्य कवष ऐलूष सरकार, हो पुरोहित गुरु परधानवा, ईर्ष्या द्वेश मिटावे दुराव, पुरोहित सत्र पुजावे पाँव, जानेला जहानवा हो भारत के शेरवा। आगड़ा पिछड़ा मर्म नही जाना, ऊँच-निच भेद न माना, मानवता का होखेला पुजानवा हो देवह के डेरवा।

(5)

बहुपत्नी विवाह रचनवा कैले एक ऋषि महानवा, अपने कुटी आँगनवा हो। दासीपुत्र से हो ललनवा भेद मनावे ऋषि बेइमानवा, करते यज्ञ अनुष्ठानवा हो, करते यज्ञ अनुष्ठानता, करते यज्ञ अनुष्ठानवा॥

एक दुखिया रहती थी काशी,
परिचारिणी घर-घर की दासी।
रूप लावण्य अनुपम राशि, ताको बाहु फाँस में फाँसी॥

ऋषियों में ऋषि महानवा, ठगले धरम स्थानवा, कैले शादी के हो ऐलानवा, ऋग्वैदिक ऋषि उफानवा पवले इतरा से हो सुगनवा, बहु पत्नी विवाह रचनवा हो, करते यज्ञ अनुष्ठानवा···3 दासी इतरा के आँगनवा॥

अनेक पुत्रों के पिता कहाए, यज्ञ स्थल सबको बैठाए।
दासी नंदन मान घटाए, यज्ञ से डाँटी दूर भगाए॥

बंचित पितृ स्नेह सम्हनवा हृदय विदारक करता रोधनवा, पकड़ा माता के हो अचरवा, माथा पटकि माता के हो चरनवा, हऊँ तू ममता के हो अवतरवा,

हमरो करबाहु हरि दरसनवा हो, मैया अपने आँगनवा…3 मैया तोहरे आँगनवा।

यज्ञ मंडप सहोदर भाई, साथ रहु शिशु अरज लगाई।
सौतेली आक्रोश पुरंदर ठुकराई, दासी पुत्र है याद दिलाई॥

मारा गजब के हो ठोकरवा, गिरा माता के हो चरनवा, माई हो दे दऽ तनि सहारवा, बैठी पिता गोदि स्थानवा आहुत निजकर करबो हवनवा, पाइबो आज वरदानवा हो, मैया अपने आँगनवा…3 मैया तोहरे आँगनवा॥

गुरु इष्ट देव चरण गही, बिलखि-बिलखि इतरा रो रही।
दशो नेह जोर पुकार कही, हठी मेरे पुत्र उबार मही॥

माँगी भीख पसारी अचरवा, जैसे सुनलू ध्रूव की पुकारवा, वैसे करूँ मेरे लाल उबारवा, दासी पुत्र से हो ललनवा, भेद मनावे ऋषि महानवा, विहँसी यज्ञ स्थानवा हो, मैया तोहरे आँगनवा…3 जीवन करती अरपनवा॥

समीधा डालते ऋषि विद्वान्, भक्त का होता रहा अपमान।
तभी प्रकटी महि ले दिव्यपान, अर्जी पर मर्सी करी महान्॥

सुनु दासी के हो ललनवा, हुनर से हो विद्वानवा, बनि करीहऽ नितऽ उत्थानवा, प्रसिद्धि मिलेगी तुझे जहानवा, सारा जगत् पूजी तोर चनरवा, धरती माता दे रही वरदानवा हो, मैया इतरा के आँगनवा…3 मैया दिहली वरदानवा॥

होगा ब्राह्मण ऐतरेय सुबासन, शतपथ ब्राह्मण करो प्रकाशन।
आज से बैठी कंचन सिंहासन, करो दोऊँ ग्रंथ पुनीत प्रतिभाषन॥

हे दासी सुत ललनवा, सनातनधर्मी महानवा, तेरी राह चले हिंदुस्तानवा, गुरु शरनानन्द कृपापात्र घनश्याम, पवले प्रसिद्धि महानवा, पटना सिटी महावीर स्थानवो हो, सरस्वती नदी तीर मैदानवा…3 मैया साथ दे गई वरदानवा॥

(6)

सत्यभाषी जबाला दासी, भक्ता थी हर हर की।
मेहनत की रोटी खानेवाली, परिचारिणी थी घर-घर की॥ टेक॥

जबाला पुत्र सत्यकाम एक दिन, माँ से अरज लगाया है।
गुरुकुल में ब्रह्मचारी रहकर, वेद अध्ययन इच्छा जताया है।

ब्रह्मविद्या मैं भी जानू माँ, गोत बताओ तात फली फर की॥
सत्यभाषी जबाला दासी, भक्ता थी हर हर की॥

मैं जाति गोत न जानती तेरा जवानी में तुझ को पाया है।
करती घर-घर दासी का काम, तू तभी कोख में आया है॥
तू चिंता न कर मेरे लाल, है तू जन्मा जबाला उदर का॥
सत्यभाषी जबाला दासी, भक्ता थी हर हर का॥

गुरु पूछे तेरा नाम गोत, तो साच-साच बतलाना।
जबाला पुत सत्यकाम जाबाल, साक्षी है भगवाना॥
सत्य माँ का आशीर्वाद लेकर पकड़ चला गुरुकुल डगर की॥
सत्यभाषी जबाला दासी, भक्ता थी हर हर का॥

गुरु पूछा जब नाम गोत तब, माँ का आशीर्वाद सुनाया है।
अनेक घरों की परिचारिणी माँ ने, जवानी में मुझको पाया है॥
जबाला पुत सत्यकाम जाबाल हूँ, गोत न जानूँ गुजर की॥
सत्यभाषी जबाला दासी, भक्ता थी हर हर का॥

कठोर सत्य सुन गुरु बोले, हे सत्य पंथ के राही।
दूँगा दीक्षा समिधा ला, हे शूद्र तू है ब्राह्मणशाही॥
चार सौ गायें लेकर गुरु की, जंगल की ओर सफर की॥
सत्यभाषी जबाला दासी, भक्ता थी हर हर का॥

हो गई हजार गायों की संख्या, गुरुकुल को तब लौट चला।
वृषभ अग्नि हंस मद्गु पक्षी, ब्रह्म विद्या उपदेशी कला॥
सत्यकाम में गुरु ने देखा, है ब्रह्म विद्या प्रभा प्रखर की॥
सत्यभाषी जबाला दासी, भक्ता थी हर हर का॥

गुरु पूछे ब्रह्मविद् भयो कैसे, किसने तुझे उपदेश दिया।
दिया जीवजंतु सत्यकाम कहा, झट गुरुचरणों को थाम लिया॥

और सुनना चाहता गुरुमुख से, जो फलवती है हर डगर की॥
सत्यभाषी जबाला दासी, भक्ता थी हर हर का॥

गुरु हारिद्रुमत गौतम रिसि, सत्यकाम को ब्रह्मवेता बनाके।
'हंस' प्रसिद्ध शिक्षक जाबाल से, अन्य दीक्षा लेते बटुक आके॥
सभी आनंद ब्रह्म का मिला, जो संतों गुरुओं की कदर की॥
सत्यभाषी जबाला दासी, भक्ता थी हर हर का॥

(7)

कर्मा रघुनंदन के दुलारे स्वामी चँवर वंश उजियारे।
तुम ज्ञानिन को ज्ञान सिखाए, सगरी महि नाम पसारे।
उद्धार नहीं उन्मूलन करके, सबको सम्मान दिलाए बाबा।
जीने का अधिकार दिलाकर, मानवता पाठ पढ़ाए बाबा॥

शास्त्रा तर्क करी जीते काशी, ज्ञानिन को उपदेश दियो।
मन चंगा तऽ कठारी गंगा, दे दूसर कंगन उबार लियो।
सत्संग सरिता नीर पिलाकर, रुढ़ी परंपरा को दाबा।
जीने का अधिकार दिलाकर, मानवता पाठ पढ़ाया बाबा॥

शालीग्राम डूबा पंडो की, वर्ण गोत जाति बंश ठुकराई।
गुरु रविदास का साबूत पत्थर, उतराते कनक पालकी बैठाई॥
संत शिरोमणि को पंडों ने, ले कंधे घुमाई काशी काबा।
जीने का अधिकार दिलाकर, मानवता पाठ पढ़ाया बाबा॥

सदना पीर को उपेशी बनाकर, सतनाम राम मंत्र गहायो।
सिकंदर लोदी गर्व मिटाकर, बंदी छोर गुरु आप कहायो॥
समता चाँद खिले चहुँ ओर, शिक्षा-दीक्षा ज्योति जलाई बाबा।
जीने का अधिकार दिलाकर, मानवता पाठ पढ़ाई बाबा॥

गढ़चितौड़ जाति-भेद मिटायो, रानी झाली को झलक दिखाई।
पतल-पतल गुरु रवि बिराजै, जूठी पतरी दंभी द्विज खाई॥
समरसता जहाज पार उतारी, आध्यात्मिक बीज उगाए बाबा॥
जीने का अधिकार दिलाकर, मानवता पाठ पढ़ाई बाबा॥

नामदेव धन्ना सैन त्रिलोचन, कमाल कमाली मीरा उपदेशा।
सत्य की साख मिटै नहि कबहुँ, झेलि दुःख दिओ संदेशा।
'घनश्यामदास हंस' नूर लखी, झिल-मिल ज्योति सजाई बाबा।
जीने का अधिकार दिलाकर, मानवता पाठ पढ़ाई बाबा॥

(8)

मैं हूँ वारी कुवारी, अरजि करहु कर जोरि।
अविनाशी दुल्हा मिले, व्याह करायहु मोरि॥

वन्दऊं महावीर हनुमान, वाणी विनायक जय दिनमान।
श्री हंस आश्रम गुरु स्थान, दिव्य दर्शन दीन्हौं भगवान॥

निज ब्रह्मांड भीतर पवले शीतल ज्योति पूंज अखण्ड दरसनवा हो कायागढ़ अंजोर हो गैले। बाये हाथ लिहले गदा दाहिने कर माला श्रीमद्रामभक्त हनुमाान दरसनवा हो कायागढ़ अंजोर हो गैले॥

बांह गही हनुमान पुकारा, साथ चलो घनश्याम दुलारा।
नभ मण्डल सैर कराई सारा, क्षितिज पर जाय वचन उच्चारा॥

उड़ते-उड़ते पहुँचाया वेगम पुरा हरि साक्षात करो दरसनवा हो कायागढ़ अंजोर हो गैले। बाबा हंसजी पवले श्रीमद्रामभक्त हनुमान संग हरि दरसनवा हो काया गढ़ अंजोर हो गैले॥

अहले सुबह की किरण जगाई, हरि हनुमत के दर्शन धाई।
किशोर कुणाल नियुक्ति लाई, जल्ला हनुमत से सगाई कराई।

तुम पुरुष हम नारी स्वामी, तन-मन-धन करी अरपनवा हो काया गढ़ अंजोर हो गैले। श्री जल्लामहावीर मंदिर निर्माण समिति, लिया बाबा हंसजी का योगदानवा हो, काया गढ़ अंजोर हो गैले॥

पूजन-अर्चन करी चहुंमासा, बांटत प्यार हृदय हुलासा।
न्यास पर्षद प्रतिनिधि खासा, मुख्य अर्चक घनश्याम दासा॥

आध्यात्म सुगंध मंह-मंह महकावेला श्री जल्लामहावीर मन्दिर स्थानवा हो कायागढ़ अंजोर हो गैले। मुख्य मण्ड-हनुमान दरबार सेवारत भगवान के चरनवा हो कायागढ़ अंजोर हो गैले॥

(9)

अछूत वर्ग से अर्चक, रखी मंदिर सुधार।
अस्पृश्यता निवारणन, महादलित उद्धार॥

वन्दौं अतीत के नायक, समरसता के पायक।
दुष्ट दलन के सायक, सत्र पुरोहित लायक॥

मानवता समरसता का कवष ऐलूष दिहल विधानवा हो भवनवा अंजोर हो गैले। आचार्य किशोर कुणाल महानवा हो भवनवा अंजोर हो गैले।

फैलल छुआ-छूत महामारी, छवले चारो तरफ अंधियारी।
आचार्य किशोर निहारी, धरा पर चमके सुरज सा भारी॥

बिहार में रचले महादलित अर्चक विधानवा हो भवनवा अंजोर हो गैले। छुआ-छूत मिटवले तुफानवा, सनातन देव स्थानवा हो भवनवा अंजोर हो गैले।

ब्राह्मण बहुल सार्वजनिक स्थान, सनातनी मन्दिर किया उत्थान।
महादलित अर्चक सम्मान, करी नियुक्ति दे प्रमान॥

बिहार राज्य धार्मिक न्यास पर्षद, पटना के ऐलानवा हो भवनवा अंजोर हो गैले। बनले मंदिर शिखर सम्हनवा, संत निवास हवन कुण्ड भवनवा हो अंगनवा अंजोर हो गैले॥

जल्लामहावीर मन्दिर सजाये, घनश्याम दास हंस जगाये।
न्यास पर्षद् प्रतिनिधि बनाए, मुख्य अर्चक नियुक्ति कराये॥

हनुमान दरबार मिला सान्निध्य संरक्षण उत्थानवा हो भवनवा अंजोर हो गैले। गणेश हनुमत शिव दुर्गा राम दरबार, सभी देव विग्रह स्थानवा हो भवनवा अंजोर हो गैले॥

ढयोढ़ी आयो भक्त हजार, भोग लगा हनुमत दरबार।
नूतन सुमन खिले जिणोद्धार, आशीष तिलक पहिनावत हार॥

मुख्य अर्चक बाबा घनश्याम दास महानवा हो भवनवा अंजोर हो गैले। पूजा कैले अर्चनवा, समरसता महके सुमनवा हो भवनवा अंजोर हो गैले॥

□

9

राष्ट्रीय गीत

(1)

हमरे देसवा के नेतवा, हमको मुरख बनावत बाटे।
चाँद और सुरूजवा को, नित दीयना दिखावत बाटे॥ टेक॥

अँधेरी कोठरिया भूलि, दीयओ न दिखावेला।
दीन हीन गरीबन से, लुकी-छीपी भागेला।
धनी धनाढ्य धनसरबो को और धन दे बढ़ावत बाटे॥
चाँद और सुरूजवा को, नित दीयना दिखावत बाटे॥

समरसता परिभाषा भूलि, आरक्षण टिकट चलावेला।
हदबंदी हक वो अधिकार सब, कागजों में भजावेला॥
वरदी खाकी खादीधरवा को, चमचागिरि में नवाजत बाँटे॥
चाँद और सुरूजवा को, नित दीयना दिखावत बाटे॥

भाई भतीजावाद घुसखोरिया सदिखन बढ़ावेला।
सर्विस सर्जन सेवा, पूँजीवादी लोग पावेला॥
भूमिहीन शिक्षित बेरोजगरवा, शोषण अ[illegible] में तपावत बाटे॥
चाँद और सुरूजवा को, नित दीयना दिखावत बाटे॥

धर्म का आडंबर ओढ़ी, जनता को ओढ़ावेला।
बाबू माई भाइन्ह को, रोज गाली से नवाजेला॥
धर्माचार्य पाखंडी सब को, चंदा धरम में उगाहत बाँटे॥
चाँद और सुरूजवा को, नित दीयना दिखावत बाटे॥

छुआछूत जाति भेद का, तांडव दिन रात यहाँ।
विलख रही है भारतमाता, गुण का कोई कदरदान कहाँ॥
एकहि मिट्टी के अंकुर सब, एकहि पिता उपाजवत बाटे॥
चाँद और सुरूजवा को, नित दीयना दिखावत बाटे॥

'दलितदेवो भव' के वक्ता, गुरु रामानंद अभाव खटके॥
ट्रस्टी बोर्ड बिहार के धरती पर, क्रान्तिकारी पुरुषार्थ भटके।
'हंस' बा ममता के गोद खाली, कोई न पुरावत बाटे॥
चाँद और सुरूजवा को, नित दीयना दिखावत बाटे॥

(2)

खुशिया मनाबऽ ये भैया झंडा फहरा के, हो तिरंगा फहरा के॥ टेक॥
सनातन सतनाम सिख, जैन बौद्ध फुलवरिया।
ईसा मूषा और मुसलमाँ, सब संतन के गोहरिया।
गुरु रविदास, कबीर, भक्ति आंदोलन चलाई के॥ खुशिया...
बिरसा वीर कुँवर सिंह, झाँसीवाली रानियाँ।
प्रसाद पटेल गांधीजी की अमर कहानियाँ।
देशवा आजाद कईले अपना बनाई के॥ खुशिया...
शेखर सुभाष भगत उद्यम सिंह रतनवाँ।
डॉ. अंबेडकर कृत भारतीय संविधानवां।
26 जनवरी ये है भैया, एकता बनाई के॥ खुशिया...
जय हो जवान जय जय जय हो किसानवा।
भारत के भूषण, जय जय छात्र नवजवानवा।
गुरु पग रज नित, माथवा लगाई के॥ खुशिया... ॥

(3)

भगवती लोना वर रविदास पुकारा करेंगे।
पटना काशी अवध में गुजारा करेंगे॥ टेक॥
कभी जा बसेंगे गंडक गंगा के तट पर,
कभी बास सरयू यमुना किनारे करेंगे॥ भगवती···
प्रेमा भक्ति सुधारस बरसता जे ही मग,
पलकों से पथ को बुहारा करेंगे॥ भगवती···
कभी बल्ला दिल्ली गगरोढ़ काशी,
चारों धाम जा देह धोया करेंगे॥ भगवती···
गुरु रविदासजी की महती कृपा से
माँ भगवती लोना जी लंगर चखेंगे॥ भगवती···
धवल चाँदनी भरे आँगन सत्संग,
प्रेम की गंगा बहाते चलेंगे॥ भगवती···
मिलेगी जो संतन की जूठी परसादी,
'हंस' वही जीविका का साधन रचेंगे॥ भगवती···

(4)

हिंदू को आज हिंदू के नाते, स्वयं जागना और जगाना होगा।
वर्ण गोत जाति पथ भाषा, तुच्छ बोध शीघ्र मिटाना होगा॥ टेक॥
हिंद के महादलित सब सच्चे, देव राम कृष्ण उपासक हैं।
मठ महंथ मंदिर अर्चक, आस्था पुनीत पुनि साधक है॥
हिंदू अस्मिता जाग्रत् करिके, समरसता को लाना होगा॥ हिंदू···
आचार्य किशोर कुणालजी, समरसता पाठ पढ़ाया है।
सार्वजनिक मठ-मंदिर में, महादलित पुजारी बनाया है।
न्यास पर्षद से किया नियुक्ति, सबको गले लगाना होगा॥ हिंदू···
श्री जल्ला महावीर मंदिर में, महादलित पुजारी देखा है।
रचि चक्रव्यूह मुख्य पद छिना, वर्ण गोत जाति खिंची रेखा है॥
पुनः स्थापित करि चमार अर्चक, मुख्य मंड स्थान देना होगा। हिंदू···
चमार अर्चक के पग पूजन से, सनातन धर्म मिट जाता क्यों?

ऐसी सोच बनाके ब्राह्मण, मुख्य मंड से हंस हटाता क्यों?
कैसी विडंबना आज के भारत से जातिवादी सोच मिटाना होगा॥ हिंदू···
ब्राह्मण चमचा दलित सचिव का सवर्ण हाथ सत्ता लिखा है।
उस दलित कंधे रखि राइफल से महादलित मारना सीखा है।
आगे बढ़े नहीं कोई और अपराध, उचित न्याय दिलाना होगा।
हिंदू को आज हिंदू के नाते, स्वयं जागना और जगाना होगा। हिंदू···

(5)

पक्षपात बढ़ा भेद-भाव बढ़ा, जीने को वह मजबूर किया।
क्या करूँ, क्या करूँ? वह तो हर राह जाति शील दिया॥
महादलित अर्चक को देखा पंडा भेद-भाव बढ़ाया है।
पक्षपाती खिसियाते घिंघियाते गर्भगृह से हंस हटाया है॥
स्वतंत्रता समानता बंधुत्व नहीं, नहीं समझा सहिष्णुता पात्र है।
वहाँ सोचने को मजबूर करता, क्या आदमी आँकड़ा मात्र है॥
चंदा डूबा, सूरज डूबा, जग डूब गया, क्या पाओगे।
आत्महत्या का नमूना लेने कब तुम आओगे॥
मैं रोहित बेमूला नहीं हूँ, जो तुझे आँकड़ा दूँगा।
सतपथ चलकर इक दिन समरसता ध्वज फहरा लूँगा॥
परम पिता परमेश्वर तेरी, यदि यही है महिमा।
अबोध बालक हंस बचा लो, जाए न तेरी गरिमा॥

(6)

जन्म जिला कैमूर कमल खिले महरो,
संप्रति परिवार मोहनियाँ से आबाद है।
घनश्याम दास हंस वंश गुरु रविदासजी के,
स्वामी शोभनाथ तात माता कस्तूरबा प्रसाद है॥
रूढ़ि भेद ईर्ष्या जाति जहर मिटाई,
पिताश्री गुप्ताधाम पुजारी पूज्यपाद है।
ब्रह्म पद्म विष्णु शिव नारद मारकंडेय

भविष्य अग्नि गरुड़ मानस गीता गुण इजाद है॥
स्नातक प्रतिष्ठा प्रथम श्रेणी राष्ट्रपति पुरस्कार पा के,
हंस प्रेस व्यापार मंडल निज प्रतिष्ठान है।
अध्यक्ष सतनाम संघ, ज्ञानाश्रय साहित्य के,
बाबा पुस्तकालय अरु हंस पत्र-पुष्प विधान है।
डॉ. अंबेडकर समाजसेवा संस्थान के,
पर्यवेक्षक बिहार प्रांत गरिमा निभाए दिनमान है।
बिहार राज्य धार्मिक न्यास पर्षद् प्रतिनिधि 'हंस'
अर्चक हूँ सामीप्य मिला, जहाँ जल्ला हनुमान है॥

(7)

पहला सुख नीरोगी काया, दूसरा सुख घर में माया।
तीसरा सुख सुलक्षण नारी, चौथा सुख सुत आज्ञाकारी॥
पाँचवा सुख राज में पासा, छठा सुख जल सार बासा।
सातवाँ सुख पड़ोसी अच्छा, सबसे सुखी वही बच्चा॥

□□□